BURN OUT

Coordonné par
Adrien Chignard

BURN OUT

DES HISTOIRES VÉCUES POUR LE PRÉVENIR, L'ÉVITER, S'EN SORTIR

MARDAGA

B-1160 Bruxelles (Belgique)
www.editionsmardaga.com

Coordination éditoriale : Delphine Livet et Laura Vanham
Illustration de couverture : © stocktech78 – Shutterstock
Design de couverture : Emmanuel Bonaffini
Maquette intérieure : Carine Thurion – CW Design

Dépôt légal : 2022/0024/45
ISBN papier : 9782804724337
ISBN numérique : 9782804724344

Achevé d'imprimer en France en août 2022
sur les presses de l'imprimerie Dupliprint à Domont (95).
N° d'impression : 2022082638.

Sommaire

Introduction

Le burn out : bien le connaître pour mieux le prévenir !

Le début du XXIe siècle a vu la parole se libérer autour de la santé mentale au travail. À l'image du mouvement #metoo, ce sujet s'est fait ces dernières années de plus en plus présent sur les réseaux sociaux et dans les médias. Une prise de conscience accélérée par la crise sanitaire de la Covid-19 et par ses conséquences sur la santé des actifs. Ce contexte particulier a mis en lumière un phénomène déjà bien connu : le burn out. Les chiffres parlent d'eux-mêmes : les résultats du baromètre publié le 20 octobre 2021 par OpinionWay pour Empreinte Humaine[1] montrent que les cas de burn out sont 2,7 fois plus nombreux en septembre 2021 qu'en mai de la même année. À la fin de l'année 2021, on estime qu'**environ 2,55 millions d'actifs français seraient en phase de burn out sévère** (soit un petit peu moins d'un actif sur dix).

Le burn out inquiète, et à raison. En témoigne la multiplication des interventions qui visent à le prévenir et à le détecter précocement (formations aux premiers secours psychologiques, développement de réseaux de vigilance et de soutien, etc.). Mais, dans cette tentative de faire barrage au burn out, sait-on vraiment ce que l'on cherche ?

La libération de la parole autour du burn out aura permis à un grand nombre d'actifs de connaître ce phénomène. Mais toute médaille a son revers. Si la couverture médiatique du burn out permet une connaissance plus large de ce syndrome, elle en donne aussi une représentation biaisée.

L'histoire du burn out que l'on entend dans les médias est souvent la même : effondrement soudain et imprévisible d'un salarié subissant une charge et un rythme de travail infernaux, traversée du désert pour aboutir à une renaissance grâce à la découverte de ses vraies aspirations... Le burn out dans les médias, c'est cette décompensation brutale face à une intensité de travail qui n'a que trop duré. Mais est-ce vraiment toujours cela ?

Comment reconnaître les signes avant-coureurs du burn out – chez soi, chez les autres – si nous ne le connaissons pas dans toute sa complexité ?

L'ouvrage que vous tenez entre les mains a précisément pour objectif de donner à voir différentes réalités du burn out. Nous souhaitons à travers celui-ci décrire, à la lumière de cas concrets, les multiples formes que peut prendre ce phénomène ainsi que la complexité de ses causes. Mais tout d'abord, une présentation en bonne et due forme de ce syndrome s'impose.

Et pour vous dire ce qu'est le burn out, pourquoi ne pas partir de ce qu'il n'est pas ? Déconstruisons ensemble les idées reçues qui circulent sur le burn out.

Idée reçue n° 1 – Le burn out est un autre terme pour parler d'épuisement professionnel

Le burn out est parfois décrit comme une fatigue intense due à un surmenage professionnel. Le terme « épuisement professionnel » est parfois utilisé pour qualifier le burn out, comme si les deux mots étaient tout simplement interchangeables.

La réalité de ce syndrome est plus complexe. Cristina Maslach, chercheuse référente en matière de burn out, le définit comme **« une crise de sens ou de valeurs »**, qui va bien au-delà de l'épuisement. Les personnes en burn out ne sont pas simplement fatiguées, elles ont le sentiment de ne plus se reconnaître, elles se sentent découragées et aliénées par un travail dont elles ne perçoivent plus le sens. Le burn out agit en ce sens comme un séisme, une remise en question totale de sa vie professionnelle.

Néanmoins, il serait faux d'avancer que le burn out n'a rien à voir avec l'épuisement professionnel. En réalité, on dénombre trois principales manifestations typiques du burn out.

1. **L'épuisement** : les personnes en burn out décrivent une perte d'énergie et une fatigue que les temps de repos ne suffisent plus à compenser.
2. **Une attitude cynique et détachée du travail** : les personnes en burn out adoptent une attitude négative ou inappropriée vis-à-vis de leurs collègues, supérieurs, clients. Ils sont irritables et ne voient plus le sens de leur travail (on entendra souvent ces personnes dire que leur travail « ne sert à rien »).
3. **Le sentiment de ne plus être efficace, de ne plus s'accomplir dans le travail** : les personnes en burn out perdent généralement confiance dans leurs capacités, sont moins efficaces et présentent des signes de dépression.

Les trois signes les plus courants du burn out

L'épuisement est donc une **composante du burn out,** mais ce n'est **pas la seule**.

On a longtemps pensé que les trois manifestations typiques du burn out apparaissaient l'une après l'autre : l'épuisement était souvent considéré comme la première manifestation, puis venaient ensuite le cynisme et enfin le sentiment d'inefficacité. Cette croyance a orienté pendant de nombreuses années les tentatives de détection précoce du burn out vers la recherche de signes de fatigue. Cependant, on sait aujourd'hui que les premiers signes de burn out peuvent prendre des apparences bien différentes.

En réalité, il n'existe **aucun ordre préconçu dans l'apparition des signes de burn out**. En cas de souffrance liée à une charge de travail trop importante ou à un rythme trop intense, c'est souvent l'épuisement qui se manifestera en premier. En revanche, si le mal-être est dû à des relations de travail conflictuelles, à un manque de reconnaissance, à un manque d'autonomie ou à une incohérence entre son travail et ses valeurs, on verra d'abord apparaître une attitude cynique et détachée. Une fois l'un des signes du burn out apparu, les risques de développer le syndrome au complet augmentent. Et ce, d'autant plus que la personne concernée continue de baigner dans un environnement de travail qui ne lui convient pas.

Quand le sentiment d'exclusion mène au burn out (cas pratique)

Marc est infirmier dans le service réanimation d'un CHU. Après cinq ans passés dans ce service, Marc se sent toujours exclu de l'équipe avec laquelle il travaille – qu'il décrit par ailleurs comme très soudée. Les médecins ont depuis peu inclus les infirmiers dans les discussions portant sur les patients, les interventions et les diagnostics. Marc y participe, mais a la sensation de ne pas prendre part aux échanges. Des échanges qui fonctionnent, selon lui, principalement sur la base d'un rapport paternaliste entre les médecins – principalement des hommes – et les infirmiers – principalement des femmes. Marc a le sentiment qu'il n'a pas sa place, que son avis n'est jamais requis, que la parole ne lui est jamais laissée. Depuis cinq ans, il exprime le besoin d'avoir une voix significative dans le traitement et le suivi des patients, sans être entendu.

Marc essaie par tous les moyens de s'intégrer au groupe. Il redouble d'efforts au quotidien pour que son travail soit irréprochable, en vient à craindre la moindre erreur, le moindre écart, à développer une vigilance constante. Mais depuis quelques mois, quelque chose a changé. Le déclic apparaît lorsque Marc se trouve au chevet d'un patient. Ce dernier, comme à l'accoutumée, parle à Marc de sa douleur, de ses inquiétudes. À bout, Marc quitte alors sa posture de soignant et exprime un soupir de lassitude envers le patient. Il se rend compte que derrière ce soupir se cache un sentiment plus profond : Marc ne se soucie tout simplement plus de ce qu'il fait. Il a le sentiment d'avoir totalement déshumanisé les patients, ne travaillant plus que pour cette intégration tant désirée. Ce sentiment l'effraie : s'il ne peut pas compter sur son empathie, comment faire son travail ? Marc prend rendez-vous avec un psychologue, persuadé de ne plus être fait pour le métier d'infirmier. Le discours du psychologue est tout autre : Marc souffre en réalité d'une attitude cynique et détachée, annonciatrice d'un burn out.

Des **expériences différentes de travail** peuvent donc mener à des **manifestations du burn out différentes**. La vigilance quant à l'apparition du burn out doit donc impliquer une prise en compte de ses trois manifestations.

Idée reçue n° 2 – Le burn out est le signe d'une fragilité individuelle

On a souvent tendance à considérer le burn out comme le signe d'une défaillance personnelle. Comme si la personne en burn out n'avait simplement pas les ressources pour supporter ce que les autres supportent sans trop de problèmes. L'expérience montre cependant que lorsqu'un salarié est diagnostiqué en burn out, il est très rare que ses collègues ou son équipe soient en parfaite santé psychologique.

En réalité, le burn out est dû à **l'exposition répétée à des facteurs de stress**. Plus le stress est intense et régulier, plus les périodes « sans stress » se raréfient, plus nous sommes susceptibles de déclarer un burn out. En cela, le corps humain est comme une voiture : le stress consomme du carburant, le repos nous réapprovisionne. Trop de stress, pas assez de repos et c'est la panne ! Or, lorsqu'une personne a été durablement exposée au stress professionnel, il est probable que toute son équipe soit également touchée.

Si les cas de burn out se multiplient, c'est donc en premier lieu parce que le niveau de stress des actifs augmente**.** Les spécialistes pointent du doigt **l'intensification** générale **des rythmes de travail**. Depuis les années 1980, du fait de marchés de plus en plus concurrentiels, les entreprises demandent en effet à leurs salariés de plus en plus de réactivité, de productivité et de compétitivité. Le travail se vit aujourd'hui dans une urgence permanente, imposée par une « demande à satisfaire immédiatement » qui ne cesse de croître. Afin de répondre à cette nouvelle exigence, les entreprises ont développé une stratégie de division du travail. En clair ? Les salariés sont aujourd'hui davantage spécialisés et interviennent dans une petite partie du processus de création d'une offre ou d'un produit. Les processus de travail traquent la moindre perte de temps, font l'éloge d'une efficacité qui se voudrait permanente ; au mépris de la nécessité de prendre du recul et de trouver du sens à son travail.

Notre époque est donc celle de l'urgence, qui va de pair avec une possibilité de sollicitation permanente des salariés. Les technologies de la communication nous permettent désormais d'être toujours joignables et de recevoir des notifications à toute heure de la journée (ou de la nuit). Conséquence pour les actifs ? L'obligation de gérer, en plus de son activité de travail, une quantité importante d'échanges (à l'utilité parfois discutable) et de flux d'information. Un fonctionnement qui, selon la chercheuse en neurosciences Marie Lacroix, accroît le risque de surcharge mentale et d'épuisement de nos ressources. L'autonomie grandissante accordée aux salariés par un management de plus en plus horizontal limiterait en effet la possibilité de déconnexion. Plus l'autonomie est grande, plus la responsabilité en cas d'échec est importante. Les temps de repos auraient donc tendance à se raréfier alors même que l'urgence et les interruptions permanentes augmentent le stress. Un cocktail explosif !

Quel effet de la crise sanitaire de la Covid-19 ?

La crise sanitaire de la Covid-19 a été synonyme d'augmentation des cas de détresse psychologique et de burn out. Pour comprendre ce phénomène, opérons un bref retour en arrière. Mars 2020 : c'est tout un pays qui passe du jour au lendemain au « 100 % télétravail », sans y avoir été préparé. Pour certains, cette téléportation soudaine du travail dans la sphère privée, associée à une réduction drastique des possibilités de distractions, a entraîné une augmentation du temps consacré au travail et du stress. Pour d'autres, la possibilité de s'extraire d'une routine parfois enfermante (le fameux métro/boulot/dodo) et de réinvestir la sphère personnelle et familiale a provoqué une crise de sens et une volonté durable de changer de rapport au travail.

Or cette volonté a parfois été contrariée au moment de la reprise de l'activité. Depuis le début de la crise, les salariés expérimentent donc un manque de repères constant, et surtout une perte de sens, avec un décalage croissant entre leurs attentes et ce que propose leur entreprise. Un constat qui explique l'augmentation de 25 % des cas de burn out entre mai et octobre 2021 (selon une enquête OpinionWay pour le cabinet Empreinte Humaine[2]).

Loin d'être dû à une fragilité individuelle, le burn out est donc principalement **le fait de caractéristiques de notre société contemporaine** qui modifient sensiblement l'expérience professionnelle des actifs. L'intensification des rythmes, l'urgence permanente, le manque de repères augmentent ainsi le risque d'être confronté de manière régulière et durable à des facteurs de stress, exposant les salariés à un risque élevé de burn out.

Idée reçue n° 3 – Le burn out est forcément lié à une surcharge conséquente de travail

Cette idée reçue est peut-être la plus répandue sur le burn out. Et pour cause : les cas de burn out présentés dans les médias décrivent très souvent des personnes soumises à une charge de travail conséquente, à des responsabilités écrasantes et à un rythme de travail acharné. Cette représentation sélective du burn out contribue à donner de ce phénomène une image biaisée.

Comment le burn out est-il décrit dans les médias ?

Extraits des premières entrées de la recherche « témoignage burn out » sur Google au 17 janvier 2022 :

« Tu te fais des listes de tâches avant de dormir, tu te réveilles à 3 heures du matin pour penser à un rendez-vous, tu bosses tes dossiers les week-ends, tu traites les sujets et réponds aux appels pendant tes vacances. »
Source : LCI, « Tu es démoli, tu as peur de tout », Romain, victime de burn out, raconte son quotidien, 23 février 2016.

« Je ne vivais plus que pour le travail, je passais nombre de mes soirées au bureau et ça m'arrivait même d'y passer la nuit "pour finir un dossier", rendre à temps "des livrables". Je me réveillais alors le matin, mêmes vêtements, pas très frais et surtout toujours dans l'angoisse du travail qu'il me restait à accomplir. »
Source : Observatoire de la Santé, « Burn out, ma descente aux enfers », Paul (36 ans), 11 mars 2018.

« Dans le burn out, il y a un surmenage. Il y a toute une multiplication de tâches que l'on ne peut pas faire car les conditions ne sont pas réalisables, nouveaux logiciels, nouvelles technologies, situation très conflictuelle dans le travail… Cela amène

à une situation de surmenage, comme si on essayait de surnager dans un milieu hostile. Et les premiers signes sont souvent la fatigue. »
Source : Terra Femina, « J'étais vide » : le témoignage éloquent d'une victime de burn out, 23 avril 2015.

Cette image biaisée du burn out est problématique à plusieurs égards. Pour commencer, associer le burn out à la surcharge de travail revient, dans certains milieux, à valoriser le burn out. Combien de personnes se disent perpétuellement « sous l'eau », voire plaisantent à propos de leur « risque élevé de burn out », comme si cela était normal ? Dans une société où il est bien vu d'être surchargé de travail, le burn out acquiert ainsi des airs de « mal nécessaire » permettant de se diriger ensuite vers une activité plus raisonnée. Presque comme s'il fallait rencontrer ses limites physiques et psychologiques avant de prendre soin de sa santé. Étrange, non ?

Ensuite, et de manière plus préoccupante encore, l'association quasi-systématique du burn out au surmenage freine la détection précoce de toute une partie des personnes à risque. Lorsqu'on est persuadé que le burn out ne concerne que les personnes qui travaillent 14 heures par jour, comment un salarié qui quitte le bureau à 17 heures peut-il se sentir concerné ? Même des personnes qui souffrent objectivement d'une surcharge peuvent penser de leur souffrance qu'elle n'est pas légitime car elles n'en sont pas au point de ce qu'elles lisent dans les médias ! Nous voyons ainsi des personnes en souffrance extrême qui n'osent pas s'exprimer de peur de passer pour des fainéants ou des plaintifs.

Il est donc grand temps d'élargir la représentation du burn out ! Et cela commence par cette affirmation : **même une personne qui ne se sent pas en surcharge de travail peut être concernée par le burn out**.

1. Parce que ne pas se sentir en surcharge ne veut pas dire que sa charge de travail est adaptée.

2. Et surtout, parce que le burn out n'est pas seulement lié à une surcharge de travail !

En réalité, le burn out est **avant tout une crise de sens ou de valeurs**, qui peut être liée à six différents types de causes (voir tableau ci-dessous).

Cause possible de burn out	Description
Sentiment d'injustice	Dans une relation de travail, on s'attend généralement à un accord « donnant-donnant » : je donne, tu donnes. Le sentiment d'injustice survient lorsque cet accord est brisé, lorsque les décisions prises au travail sont perçues comme étant injustes et inéquitables. Ces situations peuvent déclencher cynisme, colère et hostilité car les personnes concernées ont le sentiment de ne pas être traitées avec respect.
Relations conflictuelles	Lorsque les salariés se sentent membres d'une équipe soudée, ils ont plus de chances de s'épanouir. À l'inverse, lorsque les relations de travail sont caractérisées par un manque de soutien et de confiance, le risque du burn out est plus élevé. De telles relations limitent en effet les possibilités de solidarité et de soutien entre collègues, qui sont pourtant parmi les premiers facteurs de bien-être au travail.
Incohérence valeurs-travail	Les valeurs sont les idéaux et les motivations qui ont à l'origine attiré une personne vers son travail. On parle de conflits de valeurs lorsque les valeurs véhiculées par le travail sont éloignées des valeurs de l'individu. Celui-ci est alors tenu de faire un compromis permanent entre le travail qu'il veut faire et le travail qu'il doit faire. Cet ajustement perpétuel peut mener au burn out.
Surcharge de travail	La surcharge de travail contribue effectivement au burn out car elle épuise les ressources et l'énergie des salariés et limite les temps de repos et de loisirs. La surcharge de travail se repère notamment au fait que les temps de repos (lorsque ceux-ci existent) ne suffisent plus à récupérer de la fatigue et du stress induits par le travail.

Faibles récompenses	Le travail peut être récompensé de manière financière (augmentation, prime), institutionnelle (prix, distinction) ou sociale (félicitations, remerciements). Des récompenses insuffisantes au regard du travail fourni dévalorisent à la fois le travail et les travailleurs, et augmentent le risque de perdre confiance dans ses compétences professionnelles.
Manque de contrôle sur son travail	Un manque d'autonomie est souvent interprété par les salariés comme un manque de confiance de la part de l'employeur. L'absence de marge de manœuvre dans le travail peut être vécue comme une impossibilité d'évoluer ou de se développer, engendrant un sentiment de dévalorisation.

Lorsqu'une ou plusieurs de ces caractéristiques est trop présente et/ou n'est pas compensée par des aspects positifs, elle génère un sentiment de déséquilibre qui peut conduire au burn out.

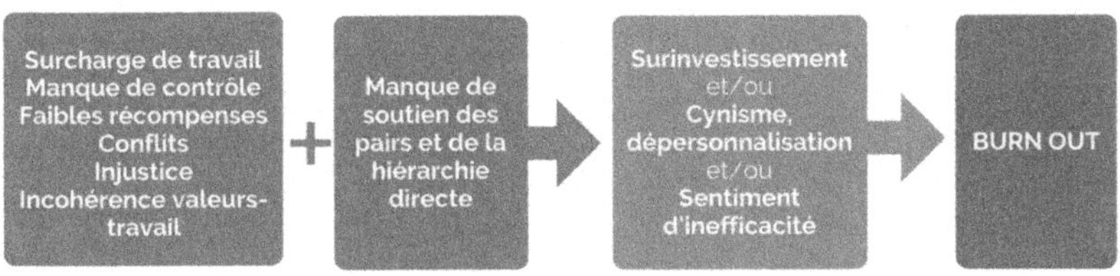

Le processus du burn out

Le burn out est donc bien plus que la conséquence d'une surcharge ou d'un surmenage. De même qu'on ne se remet pas d'un burn out en apprenant « simplement » à gérer son temps.

Les personnes en burn out ont **perdu un lien psychologique avec leur travail**, ce qui a des **implications sur leur motivation et leur identité.** Les aspects de cynisme et de sentiment d'inefficacité qui caractérisent le burn out reflètent cette idée de désaffection envers le travail. Se reconstruire après un burn out nécessite donc de questionner ses croyances et ses valeurs.

Idée reçue n° 4 – La prévention du burn out passe essentiellement par la formation des individus

On pense souvent que la prévention du burn out passe par l'identification de ses limites individuelles et par la mise en place de stratégies personnelles pour ne pas les dépasser. Connaître les signes avant-coureurs de burn out, apprendre à dire non, exprimer ses besoins de manière constructive, apprendre à gérer son stress et ses émotions… les formations qui ont pour but d'outiller les individus pour faire face au burn out sont nombreuses. L'accompagnement des personnes après un burn out est également individuel, via un suivi thérapeutique. Mais irait-on penser d'un salarié du bâtiment qui est blessé suite à une chute de pierres sur un chantier qu'il aurait dû être formé à la gestion des chutes ?

Nous l'avons vu avec les sections précédentes, le burn out est loin d'être seulement une affaire d'individus. De nombreuses causes de burn out sont à rechercher dans la société ou dans le fonctionnement de l'entreprise. Le burn out doit donc également se prévenir et se traiter à différents niveaux.

Les différents niveaux de prévention du burn out

Au-delà de l'accompagnement des individus victimes de burn out, au-delà de la formation, **il est nécessaire de prévenir le burn out au niveau collectif.** En d'autres termes, il s'agit d'identifier dans le fonctionnement d'une entreprise ou d'une équipe ce qui est susceptible de conduire les salariés au burn out. Identifier pour mieux corriger. Surcharge de travail, manque d'autonomie, récompenses insuffisantes, injustices, relations conflictuelles et incohérences valeurs-travail sont autant de critères à ajuster. Y compris en l'absence de cas de burn out avéré !

Bien entendu, cette tâche est complexe. L'entreprise peut être comparée à un organisme vivant, au fonctionnement subtil et surtout évoluant dans le temps. À la manière d'un organisme, l'entreprise n'est pas seulement constituée des éléments qui la composent (les salariés, les destinataires du travail, les fournisseurs, les objectifs, etc.). Elle est également constituée des interactions qui existent entre ces éléments. Chaque action, chaque événement qui a lieu dans une entreprise aura donc à la fois des conséquences directes et indirectes sur la santé des salariés. À tel point qu'il est parfois difficile, voire impossible, d'identifier la cause qui a mené un salarié au burn out.

Chercher à comprendre les causes d'un burn out est donc une opération qui demande de ne pas s'arrêter aux raisons facilement accessibles mais plutôt d'aller chercher en profondeur les dysfonctionnements dans l'organisation du travail.

Les causes multiples du burn out de Marc (cas pratique)

Le cœur du problème de Marc se situe dans le domaine des relations de travail. Dans son milieu de travail, il est exclu du cercle de soutien de ses collègues et il passe beaucoup de temps à se sentir isolé. Cependant, ces relations problématiques ont aussi des effets indirects sur la santé de Marc. L'exclusion de la boucle introduit un second déséquilibre chez Marc : l'impression de manquer de contrôle sur le suivi des patients.

Marc a en effet le sentiment de ne jamais avoir son mot à dire concernant les traitements et les soins, contrairement aux autres membres de son équipe. Par conséquent, il a l'impression de ne pas avoir d'emprise sur la manière dont il fait son travail. Au fil du temps, Marc a commencé à relier ces problèmes relationnels et ce manque de contrôle à un troisième déséquilibre : l'injustice. Marc se demande si les médecins des urgences le discriminent par rapport à ses collègues féminines. En raison de ce soupçon, Marc se sent non seulement anxieux et incertain quant à la meilleure façon de faire son travail, mais aussi en colère et hostile envers ses collègues.

On constate ici que le problème de Marc avec ses collègues affecte sa santé, mais crée aussi d'autres déséquilibres qui atteignent son corps à leur tour. Le cas de Marc pourra donc se résoudre grâce à deux types d'intervention :

- se faire accompagner, afin de permettre à Marc de retrouver confiance en ses compétences et d'aborder son malaise avec ses collègues ;
- modifier l'organisation des réunions de l'équipe soignante, afin de garantir l'égalité dans les temps de parole.

Dans cet ouvrage, vous découvrirez le burn out dans toute sa complexité au travers de cas concrets. Il est très rare que la cause d'un burn out soit claire et isolée. Le burn out traduit généralement le **dysfonctionnement d'un système**. Agir sur le système devient alors nécessaire.

Chapitre 1

Le manque d'équité de traitement

L'histoire vraie

Situation professionnelle

« Margaux a 32 ans, elle est cadre dans une grande entreprise de cosmétiques et occupe une fonction de cheffe de projet qui l'amène régulièrement à encadrer de façon fonctionnelle des collègues dont le profil est régulièrement renouvelé. Lorsqu'elle est arrivée en consultation, elle était déjà en arrêt de travail pour burn out et elle nous a expliqué son histoire. Après avoir suivi des études plutôt brillantes, Margaux a validé à 23 ans un bac + 5 dans une école de commerce de la région ouest de Paris. Très rapidement recrutée dans une grande entreprise, elle a monté les échelons régulièrement à raison d'un nouveau poste tous les trois ans. Margaux a toujours été très attachée aux valeurs véhiculées par son entreprise ainsi qu'aux produits que cette dernière commercialise dans le monde entier. Elle est fortement engagée dans son travail et lorsqu'elle parle de son entreprise, on sent une forte dimension affective dans ses propos.

Selon elle, tout a commencé il y a environ deux ans. C'est en effet à cette époque qu'elle a appris qu'elle était enceinte d'une petite fille. Investie dans son travail, elle a tenté de mener de front sa grossesse et son activité professionnelle mais rapidement la situation est devenue impossible. Elle vivait des moments de fatigue intense et des nausées qui l'empêchaient de mener à bien son travail. Son médecin l'a d'ailleurs rapidement arrêtée pour qu'elle puisse se reposer. Bien qu'étant à la maison, Margaux a continué de s'investir pour ses collègues et, bien qu'alitée, elle travaillait avec son ordinateur professionnel, gérait ses mails et ses coups de fil pour faire avancer ses projets et éviter de prendre du retard. Elle se sentait coupable de laisser ses collègues avec une surcharge de travail compte tenu de son non-remplacement pendant son congé maternité.

Au bout de quelque temps, le manager de Margaux lui a demandé d'arrêter de travailler pendant son arrêt et elle a réussi après quelques semaines à véritablement « couper » avec l'entreprise. Lorsque sa fille est née, Margaux a voulu profiter d'un congé maternité un peu plus long que prévu et a soldé un maximum de congés afin de rester presque quatre mois et demi auprès de sa fille. Dans la mesure où cette naissance a modifié l'équilibre de sa famille, – c'était la première enfant du couple –, cette dernière a vécu avec son conjoint quelques moments difficiles. Des repères qui n'étaient pas encore créés, une enfant dont on ne comprenait pas toutes les réactions, des nuits hachées et toutes les petites maladies de l'hiver qui peuvent stresser des parents et occasionner de multiples consultations anxiogènes chez le pédiatre.

Au niveau de la sphère personnelle

Lorsque Margaux a dû reprendre le travail après plus de six mois d'absence, elle a éprouvé d'abord beaucoup de mal à se détacher de sa fille et à la faire garder en crèche. Elle se sentait très coupable vis-à-vis de sa fille mais nourrissait au fond d'elle un désir de reprendre doucement le travail car son nouveau rôle de maman lui semblait particulièrement épuisant. De son côté, le conjoint de Margaux a tenté d'être présent au maximum à la maison mais il travaillait lui aussi dans une grande entreprise avec de fortes responsabilités et il a dû bien souvent laisser Margaux gérer seule les nuits et s'occuper un peu plus de leur fille que lui ne pouvait le faire. Margaux ressentait un peu d'amertume à ce sujet : elle a eu l'impression de devoir mettre entre parenthèses sa vie professionnelle tout en se sacrifiant d'un point de vue du sommeil et de la santé pour les premiers mois de sa fille. Lorsqu'elle s'est apprêtée à reprendre le travail, Margaux a eu le sentiment que le congé maternité portait mal son nom car il ne lui avait absolument pas permis de se reposer : elle arrivait encore plus épuisée en reprenant le travail qu'au début de ce congé.

Les raisons de la démission

Quand elle a retrouvé le chemin de son entreprise, Margaux s'est rendu compte que personne ne l'attendait véritablement. Certes ses collègues étaient contents de la retrouver mais la vie avait continué, les projets avaient avancé, les produits n'étaient plus les mêmes. Elle qui était partie avec un sentiment de maîtrise et d'accomplissement revenait en se sentant étrangère à cet environnement : elle avait l'impression d'être un peu dépassée. Comme à son habitude, elle a décidé de redoubler d'efforts pour restaurer du contrôle sur la situation et retrouver sa place légitime de cheffe de projet connue et reconnue. C'était un peu plus compliqué qu'elle ne l'avait imaginé, car son chef avait proposé la mission à quelqu'un d'autre le temps du congé maternité de Margaux et cette personne avait donné de très bons résultats. Aussi, lorsque Margaux est revenue dans l'entreprise, elle a bien pu reprendre son poste, mais a senti qu'elle n'avait ni la même disponibilité que les autres avec sa fille à chercher à la crèche et ses nuits décousues, ni la même énergie pour entreprendre un grand nombre de projets et travailler soirs et week-ends car cela n'était physiquement plus possible.

Ces doubles casquettes de maman et de cheffe de projet commençaient à devenir profondément inconfortables. Elle avait l'impression que son mari bénéficiait de la partie « positive et agréable » de l'éducation sans en avoir les contraintes et Margaux ne se sentait plus reconnue d'un point de vue parental : on s'enthousiasmait de voir un père jouer avec son bébé, mais qui valorisait celle qui chaque nuit donnait de sa personne pour allaiter quand son conjoint dormait ? Au travail, elle avait l'impression que toutes ces années consacrées à s'investir énormément étaient désormais réduites à néant et qu'on lui donnait beaucoup moins de projets intéressants car elle était moins disponible. On prétextait de la bienveillance pour en fait lui retirer les projets qu'elle préférait. Son chef commençait tout doucement à lui proposer des «projets pour les mamans» c'est-à-dire des tâches témoignant d'une fausse gentillesse post-partum. Il s'agissait de projets secondaires et annexes sur lesquels la mise en visibilité était assez faible et Margaux avait beau redoubler d'efforts pour essayer de faire briller ce qui était terne, personne ne s'en rendait véritablement compte.

Elle se sentait de plus en plus invisible, inutile et triste, un peu irritable et assez cynique par rapport à la vie. Elle avait l'impression que tout ça était particulièrement injuste : plus on donne aux autres, plus ils prennent sans vous rien rendre. Elle avait le sentiment d'avoir été un miroir : elle reflétait systématiquement la lumière sur les autres sans pouvoir la garder pour elle. Margaux a tout doucement commencé à se retrancher et à moins chercher à voir les autres, à disparaître de sa sphère amicale et à devenir amère avec ses collègues.

Lorsque son conjoint lui a partagé son inquiétude, elle lui a répété à plusieurs reprises qu'il ne pouvait pas comprendre la situation et elle a fini par s'isoler. Lorsqu'elle est allée rencontrer son médecin généraliste sur la demande insistante de son conjoint, Margaux présentait une profonde tristesse et une difficulté à éprouver du plaisir et du désir au quotidien, comme si la vie avait perdu l'intensité de ses couleurs.

Au moment où elle vient nous rencontrer, elle est en arrêt de travail depuis trois semaines. ❞

Décrypter la situation

Comprendre cette situation nécessite de la percevoir comme le carrefour de plusieurs phénomènes. Lorsqu'on vit un épuisement professionnel, il est la conséquence de l'exposition à différents facteurs de risques psychosociaux. Dans la situation présente, les facteurs sont à la fois professionnels et s'inscrivent également dans le cadre d'une vie personnelle durablement fatigante et peu génératrice de reconnaissance et de justice.

Les facteurs professionnels

Margaux évolue dans un cadre dans lequel elle doit trouver sa légitimité non pas dans l'autorité hiérarchique mais dans une responsabilité fonctionnelle de cheffe de projet qui peut se montrer particulièrement épuisante dans la durée. De ce fait, il lui est nécessaire de faire régulièrement la preuve de sa légitimité à piloter les projets et c'est d'autant plus difficile avec des équipes qui sont renouvelées régulièrement. À chaque fois que quelqu'un sort de l'équipe il faut recommencer à découvrir et acculturer son remplaçant. Cela donne parfois le sentiment d'une forme de mythe de Sisyphe : à chaque fois que le rocher est tout en haut, il redescend et il faut le remonter.

On note également chez Margaux un « attachement » de type spécifique. Elle est très sensible aux valeurs et aux produits de son entreprise et montre un engagement de nature affective. Nous reparlerons un plus tard de cette forme d'engagement, c'est-à-dire celle qui nous amène à aimer notre environnement de travail et le contenu de notre travail, et qui est particulièrement efficace en termes de productivité quand tout va bien mais qui se montre mauvais pour la santé lorsque la relation à l'employeur commence à se dégrader. Margaux a en effet l'impression qu'il se joue quelque chose de bien plus fort qu'un lien purement contractuel avec son entreprise.

Puisqu'elle n'a pas été remplacée durant son congé maternité, Margaux a nourri une émotion particulière : elle a eu le sentiment d'abandonner ses collègues et de leur faire subir un préjudice en reportant sur eux la charge de travail qu'elle n'avait plus la capacité d'assumer. Ce préjudice qu'elle a eu le sentiment de faire peser sur les autres, a généré chez elle une culpabilité fort désagréable. C'est justement cette culpabilité qui a engendré une fatigue additionnelle puisqu'alors qu'elle aurait dû se reposer pour accompagner le développement de son bébé, elle a continué à travailler.

Les facteurs personnels

L'arrivée d'un enfant n'est jamais chose facile dans un couple, surtout lorsque c'est le premier. En effet, ce changement de situation modifie l'équilibre du duo ; l'introduction de cette tierce personne dans la famille bouscule les repères. Or, retrouver de nouveaux repères est exigeant d'un point de vue physique, énergétique, émotionnel et cognitif. Margaux était déjà éprouvée par sa grossesse et son accouchement et les multiples moments de stress vécus avec son conjoint. L'arrivée d'un nouvel enfant a contribué à alourdir une barque déjà bien pleine de fatigue et de frustration.

D'un point de vue sociétal et culturel, Margaux évolue dans une société française patriarcale, laquelle donne encore aux mères une part plus importante qu'aux pères de responsabilité quotidienne de la parentalité. Ce rôle prégnant pour Margaux est un construit social dans la mesure où il n'est pas du tout dicté par des caractéristiques naturelles. En effet, cette prétendue responsabilité innée de la mère (l'instinct maternel dont les preuves scientifiques sont bien évasives) permet surtout aux pères de ne pas assumer une part égale de responsabilité et de déléguer cette dernière aux mères. Les études sur les inégalités de salaire et la surexposition des femmes à la charge mentale inhérentes à leurs tâches domestiques convergent toutes : le repos de l'esprit comme conséquence d'une juste répartition des tâches n'est pas encore au goût du jour.

Le conflit de légitimité

Lorsqu'elle a dû reprendre le travail, Margaux a été confrontée à un conflit de légitimité. D'un côté elle ressent le désir de continuer à préserver sa relation de proximité avec sa fille, mais de l'autre elle éprouve un désir tout aussi important de poursuivre sa carrière et de prendre soin de cette identité professionnelle qui lui permettait de sortir d'un quotidien un peu aliénant avec un enfant. Le conflit de légitimité est particulièrement difficile à vivre d'un point de vue psychologique car les deux sujets sont tout à fait justifiables et nous paraissent importants. Or il faut choisir et cela est particulièrement délicat, c'est la situation du jeu à somme nulle : il faut qu'une proposition perde pour que l'autre gagne, créant ainsi une inéluctable frustration.

Le retour de Margaux au travail a été peu préparé par son manager et son entreprise. On a simplement considéré que son congé était une parenthèse dans sa carrière et on s'attendait à ce qu'elle revienne dans la même situation que celle qu'elle connaissait auparavant. Il n'y a pas eu particulièrement de visite de reprise avec son manager ni de ré-accueil dans l'équipe pour partager avec elle l'actualité des projets. Margaux s'est confrontée au mur d'une réalité douloureuse qui consiste en la nécessité pour l'entreprise de continuer d'avancer pendant les congés de ses collaboratrices. Margaux qui était toujours informée des dernières nouveautés se retrouvait là dans une situation où elle n'était plus ni mise en lumière, ni la meilleure, ni en connaissance des projets. L'écart entre les ressources informationnelles dont elle disposait et les contraintes d'environnement à réapprivoiser a généré un fort stress.

En parallèle, la fille de Margaux grandissait et elle devait continuer d'assumer la double casquette de professionnelle aguerrie et de mère endurcie. Or, le manque de sommeil et le stress d'une vie avec un enfant dont on découvre le rythme au fur et à mesure, ont fini par dégrader la qualité de sa relation avec son conjoint. En effet, elle a rapidement eu l'impression que le père de sa fille était régulièrement là pour les bons moments mais beaucoup moins lorsqu'il s'agissait d'assumer les événements particulièrement âpres ou contrariants. Quelle injustice pour Margaux ! Elle qui consacrait tant d'énergie à sa fille était invisibilisée au profit d'une mise en lumière d'un père qui jouait et qui profitait des bons moments. Elle donnait le meilleur d'elle-même, ce qui n'était vu par personne, quand lui était là uniquement dans les instants agréables, ce qui paraissait particulièrement gratifiant aux yeux de la famille et des amis.

Cette amertume a créé des frictions dans le couple de Margaux et le stress engendré par les conflits a fini par amoindrir un de ses facteurs de protection : le soutien de son mari dans des moments difficiles. En effet, après des moments d'altercations régulières, ce dernier se sentait moins le désir de se montrer empathique avec Margaux et tout doucement leur relation s'est distendue. Sans que cela soit dramatique ni irrémédiable, cette distance a commencé à isoler Margaux face à la somme des contraintes et des exigences de son quotidien.

Ce faisant, elle a dû faire face à des projets de moins en moins intéressants et à la nécessité de trouver en elle des ressources de motivation sur des sujets qui la passionnaient peu. Elle qui avait été une cheffe de projet encensée et qui travaillait sur des challenges ambitieux pour l'entreprise, s'est trouvée reléguée dans les projets secondaires assez peu enthousiasmants. Là encore, rien de très grave en soi mais cette situation a accentué son sentiment profond d'injustice.

Le sentiment d'injustice de traitement

Comme la plupart des êtres humains qui vivent ce genre de situation, Margaux a ressenti une forte colère et cette émotion spécifique lui a permis de trouver en elle de l'énergie pour redoubler d'efforts et se battre pour faire la preuve de sa valeur ajoutée. L'écueil de cette stratégie lorsqu'elle se répète, c'est qu'elle finit par vider le réservoir énergétique de la personne :

on ne peut pas passer sa vie à se battre sans avoir de victoire. Elle avait beau utiliser toutes les compétences dont elle disposait pour transformer ses projets en succès, dans la mesure où personne n'avait d'attente réelle par rapport à son travail, ses « victoires » étaient systématiquement reléguées au second plan et faisaient vivre à Margaux un renouveau d'amertume et de frustration devant cette énergie gâchée.

À la fin de l'histoire, on commence à percevoir l'antichambre du burn out que l'on appelle le burn in : Margaux se rend sur son lieu de travail alors qu'elle devrait déjà être arrêtée. Elle grille ses dernières cartouches énergétiques tout en commençant à s'isoler. Non seulement elle va de plus en plus mal, mais elle n'a personne pour l'aider à aller mieux. Le processus est lancé et c'est la raison pour laquelle le médecin l'arrête.

Quelques repères psychologiques sur le manque d'équité de traitement

Les théories de la justice organisationnelle permettent de comprendre ce concept en le divisant en différentes sous-catégories.

L'injustice distributive

Ce à quoi nous pensons tous spontanément lorsqu'on nous parle d'injustice au travail, relève bien souvent du caractère peu clair des primes, des augmentations et des évolutions de carrière octroyées par le management. Contrairement à ce que l'on a tous envie de croire, cette forme d'injustice qu'on appelle « distributive », a des impacts assez limités. On sait par exemple que s'il est désagréable de faire l'objet de cette forme d'injustice (quand on a l'impression que les gratifications au travail sont données sur la base de critères illégitimes), cela ne fait que très peu mal à la santé même si ça peut effectivement détériorer la motivation. Au-delà des impacts sur la santé dont on sait qu'ils peuvent précipiter les situations d'épuisement professionnel, il est important de comprendre que le déficit de justice distributive entraîne un délitement des collectifs de travail. En effet le sentiment de justice résulte de comparaisons entre différentes dimensions.

Par exemple on se compare soi-même par rapport à ce que l'on était auparavant, on va se comparer avec des collègues du même métier ou ayant la même ancienneté ou encore avec des salariés d'autres entreprises qui font le même métier que nous. Le sentiment de justice est donc toujours le résultat d'une évaluation et d'une comparaison entre différentes composantes personnelles ou extérieures à notre personne. Toute la difficulté réside dans le fait que si nous avons l'impression qu'un collègue est davantage payé que nous sur la base de critères complètement illégitimes comme le fait d'être le fils du patron, ça va créer des dissensions et des conflits entre les personnes. Personne n'aime aller au travail le matin en sachant qu'il va passer la journée « en mode bras de fer » avec ses collègues. Cette conflictualité ancrée sur une injustice dans la façon de distribuer les salaires détruit les collectifs de travail dont on sait pourtant qu'ils sont extrêmement protecteurs contre l'épuisement professionnel.

On commence ici à toucher du doigt le fil d'Ariane qui relie les différents facteurs de risques. Si l'injustice distributive est un mode de management utilisé dans une entreprise, il y a fort à parier que les équipes vont rapidement entrer en concurrence et que cela va augmenter la probabilité d'apparition de troubles psychologiques graves.

L'injustice informationnelle

En parallèle de cette justice distributive, on trouve en situation de travail une forme d'injustice qui fait assez peu mal à la santé et à la motivation, et qu'on appelle l'injustice informationnelle. Il s'agit du sentiment que l'on est la dernière roue du carrosse et que tout le monde est toujours au courant des prochaines informations avant nous. Il n'est pas rare dans les entreprises que la circulation de l'information soit chaotique et que certains aient accès à des données auxquelles les autres n'ont pas encore accès pour des raisons de proximité affective. «*Je ne te communique pas les infos en fonction de ton rôle mais tout simplement parce que je t'aime bien*». Ça peut paraître un peu léger mais l'être humain n'est pas rationnel, c'est plutôt un «scientifique naïf» doté d'une forte composante émotionnelle dans les choix qu'il fait. L'injustice informationnelle, même si elle est un peu désagréable à vivre, montre assez peu d'impact sur la motivation ou sur la santé au travail – sauf bien entendu si la fréquence d'apparition de la privation d'information devient trop grande. Il existe d'ailleurs une technique de harcèlement qu'on appelle la «méthode de l'isolement» qui prive l'individu des ressources informationnelles auxquelles il devrait normalement avoir accès. Si ce comportement est sporadique il ne pose pas de problème, mais lorsque sa fréquence augmente, on voit combien l'individu va se sentir privé des ressources nécessaires à la tenue de son poste. Ses contraintes excèdent alors considérablement ses ressources et c'est la définition même du stress. Or on sait que l'exposition à un stress prolongé va augmenter la probabilité d'apparition de l'épuisement professionnel.

L'injustice interactionnelle

La troisième forme d'injustice au travail est l'injustice dite interactionnelle. C'est le sentiment que l'on est traité différemment sur la base de critères illégitimes. Entendons-nous bien, être discriminé au sens scientifique du terme, c'est-à-dire différencié au travail, parce que l'on produit davantage, que l'on est plus compétent ou que l'on réalise un travail de meilleure qualité, est tout à fait normal. Il n'y a pas d'égalitarisme qui tienne en termes de reconnaissance des résultats dans la mesure où celles et ceux qui sont les plus méritants au regard de ce qu'ils délivrent doivent pouvoir être reconnus et félicités comme tels. Dans le chapitre relatif à la reconnaissance au travail, vous verrez que les trois autres formes de reconnaissance nécessitent a minima un peu moins d'équité et davantage d'égalité.

Ce qui pose un problème, c'est lorsque l'on a l'impression que l'on reçoit des gratifications ou des félicitations parce que l'on est un homme plutôt qu'une femme, parce que l'on est hétérosexuel plutôt qu'homosexuel, parce qu'on est mince plutôt qu'obèse, parce qu'on est chrétien plutôt que musulman, etc. L'injustice interactionnelle, c'est le fait d'être différenciés sur la base de critères discriminants aux yeux de la loi : le genre, l'âge, l'origine ethnique, la religion ou l'orientation sexuelle, la situation de handicap... Cette forme d'injustice est extrêmement néfaste à la fois pour la personne, pour la performance de l'entreprise mais également pour tout le collectif de travail auquel appartient la personne discriminée.

En effet, faire face à des situations d'injustice, par exemple de racisme, va particulièrement altérer la confiance que les personnes vont avoir dans le management et dans l'entreprise car chacun perçoit le caractère injuste, brutal, malhonnête et toxique de ce genre de comportement. Dans la mesure où le critère retenu pour humilier la personne est aléatoire et sans lien avec le travail, chacun des collègues se demande qui sera le prochain et sur quel critère il sera possiblement discriminé. Bien souvent, ces situations d'injustice interactionnelle génèrent chez une partie des collègues ce que l'on appelle une stratégie des œillères, c'est-à-dire une forme de mécanisme de défense contre la violence vécue par la personne discriminée. Chacun fait semblant de ne rien voir et le processus de harcèlement peut s'installer impunément, isolant ainsi la victime et l'empêchant de trouver du soutien. C'est le corps social tout entier qui arrive à souffrir de cette brutalité, et celle-ci peut conduire au suicide.

L'injustice procédurale

La dernière forme d'injustice au travail que la psychologie met en exergue est l'injustice dite procédurale. C'est le sentiment que les décisions qui nous concernent sont prises sur la base d'informations que nous ne comprenons pas ou ne partageons pas. Cette forme d'injustice est extrêmement nocive pour la personne et pour l'entreprise. Elle donne le sentiment aux personnes de n'avoir aucune valeur et que leur avis compte relativement peu. Mais si la considération et l'écoute de ce que nous avons à dire à propos de notre travail ne font pas l'objet d'une valorisation par l'employeur, alors ça donne à chacun le sentiment qu'il n'a aucune valeur et c'est particulièrement dépressogène. On retrouve dans de nombreuses entreprises une confusion entre la participation à la prise de décision et la participation à des décisions déjà prises : une forme de consultation purement formelle qui laisse imaginer qu'on nous pose la question alors que la réponse est déjà connue et entérinée. Cela est systématiquement perçu par les salariés comme particulièrement injuste parce qu'en plus de nous priver du choix, on nous donne l'illusion d'une décision que nous validerions, instrumentalisant ainsi les quelques bribes de libre arbitre qu'il nous reste.

Comment prévenir le manque d'équité de traitement ?

Au niveau individuel

> *Prendre soin de soi*

Le meilleur des risques psychosociaux, c'est celui qu'on évite par une saine stratégie de prévention. Cela peut paraître évident mais il est souvent utile de le rappeler. Lorsque l'on parle de psychologie des ressources, on insiste sur ce que les psychologues issus du courant de la psychologie positive appellent le « compas du bien-être ». Il s'agit de disposer d'une nutrition saine, d'un sommeil de qualité, d'une activité physique régulière et enfin d'émotions positives. L'intérêt de ces quatre dimensions, c'est qu'elles permettent une hygiène de vie saine et qu'elles sont interconnectées, ce qui rend l'ensemble plus stable.

Si vous pratiquez une activité physique régulière (45 minutes deux fois par semaine), vous régulez votre sommeil, vous ajustez votre alimentation et vous éprouvez des moments agréables. Si vous mangez mieux et dormez mieux, vous ressentez plus d'énergie pour pratiquer une activité physique et vous éprouvez donc davantage de sensations agréables. De même, si vous prenez soin de passer des bons moments avec les gens que vous aimez, vous trouvez le sommeil plus facilement, ce qui vous permet d'être plus en forme pour l'activité physique et donc de mieux réguler votre alimentation.

Bien entendu, il n'est pas question ici (et il n'en sera jamais question une seule fois dans ce livre) d'attribuer l'épuisement professionnel à des considérations purement spécifiques à l'individu. Le burn out est et restera toujours la conséquence de l'interaction d'un individu et d'un système organisationnel particulier. On ne souffre pas d'un burn out au travail parce que l'on n'a pas assez pris soin de soi, mais on souffre systématiquement de n'avoir pas fait attention à sa santé (physique et mentale) lorsqu'on se retrouve dans un système organisationnel qui finit par être toxique. Toutefois, si la responsabilité incombe à l'employeur, cela n'ôte pas notre part propre de responsabilité : que l'employeur ait une responsabilité n'annule pas la nôtre. Plus spécifiquement sur la question du sentiment d'équité et de la justice au travail, il est particulièrement important de prendre soin de ce qui est important pour nous.

> *Ne pas rester seul*

Le premier rempart contre la détresse psychologique au travail, c'est toujours le soutien des paires. Si les oiseaux se cachent pour mourir comme dit le célèbre adage, alors les êtres humains se cachent pour souffrir. Et c'est justement la double peine : non seulement je vais mal mais je me prive en plus de la possibilité d'aller mieux. À chaque fois qu'on vit une situation qui nous est particulièrement insupportable, nous devrions tisser des liens avec les autres plutôt que de chercher à nous cacher. Il faut dire que ce n'est pas facile et que c'est même assez contre-intuitif. Conserver des bons rapports avec ses collègues et des discussions régulières nous permet de normaliser nos émotions pénibles. En effet, on a souvent l'impression qu'on est seul à endurer des moments compliqués et une certaine proportion d'entre nous a tendance à chercher en lui les motifs de ses difficultés.

Concrètement, au lieu de questionner le système de l'entreprise, on imagine qu'on n'a pas été reconnu ou pas justement considéré parce qu'on est trop mauvais ou pas assez compétent. Le fait de pouvoir partager ces sujets avec ses collègues et de percevoir qu'ils vivent les mêmes émotions au même moment, nous permet de nous sentir moins seuls et de nous trouver normal, ce qui, lorsqu'on va mal, est plutôt rassurant ! Sur les thématiques de justice en particulier, discuter avec ses collègues de la façon dont les primes ont été distribuées ou encore du mode de fonctionnement lors des entretiens annuels ou de l'obtention de promotions, élargit notre regard sur ce qui a permis la prise de décision. Si la décision a été effectivement prise sur la base de critères illégitimes, cela donne la possibilité de prendre acte du sujet et d'en parler à la fonction RH.

Par ailleurs, la discussion offre aussi la possibilité d'élargir notre champ de conscience et de mieux saisir la contribution de nos collègues, contribution que nous ne remarquons pas toujours. Il n'est pas rare en effet que l'on se sente injustement considéré par rapport à d'autres tout simplement parce que nous ne connaissons pas correctement la quantité de travail ou la qualité des livrables ou des performances de nos collègues. Il ne s'agit pas de rendre agréable chacune des décisions de la hiérarchie, mais au moins de l'estimer plus justement, ce qui génère moins d'épuisement.

> *Fixer un cadre et poser des limites*

Si l'on souhaite évoluer dans l'entreprise ou tout simplement avoir l'impression que notre contribution est évaluée à sa juste valeur, il peut être particulièrement intéressant d'échanger avec notre manager à propos de la clarification de nos objectifs. Comment se sentir justement reconnu si on ne sait pas de façon très précise ce qui est attendu de nous ? Une fois que les objectifs et les missions sont définis et validés conjointement avec notre chef, il importe de poser des limites et de fixer un cadre temporel pour réaliser ces missions.

On peut tout à fait définir une organisation hebdomadaire en essayant, tant que faire se peut, de positionner des créneaux horaires à ne pas dépasser, avec des temps de concentration quotidiens, et au moins un soir dans la semaine où on sort plus tôt pour s'octroyer du temps pour soi. L'astuce consiste également à sortir avec un ou plusieurs collègues afin de créer une norme qui profite à tous et que l'entraînement social, c'est-à-dire le fait que les collègues le fassent avec vous, diminue la culpabilité de partir plus tôt.

C'est en agissant de cette manière que vous pourrez fixer la justesse des objectifs qui vous sont donnés et le caractère adapté des moyens que vous vous donnez, notamment au niveau du temps de travail, pour arriver aux objectifs préalablement fixés. Il existe en psychologie une théorie dite « des groupes restreints ». Cette théorie mise en lumière par le psychosociologue Kurt Lewin présente l'idée suivante : lorsque l'on prend un engagement de façon collective et à haute voix devant le groupe, on augmente considérablement la probabilité de modifier le comportement dans la durée. Cela signifie que dans une réunion d'équipe, on peut collectivement décider de sanctuariser le mercredi soir comme le moment où on part tous à 17 heures et s'engager publiquement à le faire avec les autres. En créant cette norme sociale devant tout le monde, on se donne davantage de chance de respecter collectivement nos limites.

> *Faire verbaliser les demandes toxiques*

Dans certaines entreprises, il est difficile de dire non et on a l'impression qu'on ne sera en capacité d'évoluer que si et seulement si on accepte toutes les demandes de notre manager. C'est oublier que ceux qui vous apprécient uniquement quand vous dites oui ne sont pas en situation de reconnaissance de la personne que vous êtes mais tout simplement de satisfaction quant à votre capacité à leur donner ce qu'ils souhaitent. Ils font de vous un objet au service de leurs besoins. Une grande partie des demandes qui ne respectent pas votre temps ou vos contraintes est implicite, c'est-à-dire que celui qui formule ce type de demande ne les exprime jamais clairement. Une des stratégies efficaces pour réduire la probabilité d'être le sujet d'une demande toxique pour votre santé, c'est de jouer clairement les naïfs. Ça revient tout simplement à demander à l'autre de clarifier sa demande en lui expliquant que vous ne la comprenez pas.

Par exemple, on peut formuler des phrases interrogatives du type : « *Si j'ai bien compris, tu me demandes d'annuler ma soirée en famille pour répondre à cet appel d'offres pour lequel je n'ai pas été prévenu ? Si je comprends bien, on me retire ce projet passionnant parce que je suis devenu maman ?* ». Inviter son interlocuteur à verbaliser et donc à énoncer à haute voix le contenu de sa demande va l'obliger à se l'entendre dire et à se confronter à sa propre image de lui-même peu reluisante à cet instant précis (pour l'anecdote, on peut augmenter l'effet ressenti par l'autre s'il se voit dans un miroir au même moment). Bien entendu, certains assument tout à fait ce type de demande et ne voient pas de problème et pour ceux-là c'est assez compliqué de faire entendre les messages. Mais pour tous les autres, il n'est pas très coûteux de faire reformuler les demandes et ça nous permet de nous préserver un peu des situations d'injustice au travail.

Au niveau de l'équipe

> *Créer et entretenir un climat de sécurité psychologique*

Il existe en psychologie plusieurs formes de soutien en situation de travail :

- le **soutien opérationnel**, centré sur l'octroi d'une aide concrète pour réaliser une tâche ;
- le **soutien émotionnel**, orienté sur la possibilité de consoler une personne qui va mal ;
- le **soutien informationnel** qui permet de donner accès aux informations permettant de résoudre un problème ;
- enfin, le **soutien d'estime** qui permet de renforcer la confiance en soi d'autrui en lui rappelant ses succès passés afin de lui permettre de faire face à un challenge à venir.

S'il existe plusieurs formes de soutien social, toutes ces formes permettent de prendre soin du lien qui nous unit à nos congénères. Ce lien social et ce soutien des pairs constituent le premier rempart contre la détresse psychologique en situation de travail. Il est absolument essentiel que les membres d'une équipe puissent travailler ensemble, c'est-à-dire collaborer en veillant à prendre soin de ce qui les unit. Il ne s'agit pas d'être une somme de mercenaires qui avance chacun de leur côté en pensant à leur profit unique, mais plutôt un groupe uni mu par un désir commun de travailler correctement au service de leurs projets ou de leurs produits.

Si, pour paraphraser Christophe Dejours « *Travailler c'est échouer* » au sens où il y a les choses telles qu'elles devraient se passer et les choses telles qu'elles se passent réellement, alors il est absolument essentiel de pouvoir dire ses frustrations, ses colères, ses peines, ses difficultés à ses collègues. Le climat de sécurité psychologique, c'est ça : la possibilité de dire sa vulnérabilité sans qu'autrui s'en serve pour affirmer sa supériorité ou pour nous faire culpabiliser.

Concrètement, dans une équipe de travail, on peut mettre en place des temps dédiés à l'expression des ressentis de chacun. Pas du temps où on parle du « quoi » mais plutôt des moments où on expose le « comment ». « *Comment tu te sens, comment tu avances sur ce projet, comment tu vis les nouvelles exigences du client ?* » Instaurer un climat de sécurité psychologique, c'est permettre à chacun de partager ce qu'il ressent dans les temps et dans les espaces dédiés sans jamais chercher à le convaincre qu'il pense mal ou qu'il ne vit pas comme il faut les vicissitudes d'un quotidien professionnel. Le climat de sécurité psychologique est une des conditions du maintien et de la préservation d'une bonne santé mentale au travail. Pour prévenir l'épuisement professionnel et pour dire le sentiment d'injustice que l'on peut vivre à certains instants, il est capital d'instaurer ces rituels d'équipe. Ils sont gratuits et provoquent des résultats instantanés, aussi il serait dommage de s'en priver.

> *Signaler précocement les difficultés*

Les psychologues différencient le travail prescrit et le travail réel. Le travail prescrit, ce sont les choses telles qu'elles devraient se passer et le travail réel, ce sont les choses telles qu'elles se passent réellement. Comme disait Lacan, « *Le réel c'est quand on se cogne* ». Ça devait passer et pourtant on s'est cogné le genou dans l'angle de la table basse. En théorie tout fonctionne, mais en théorie seulement ! C'est parce que la lucidité impose de se rendre compte qu'en situation de travail beaucoup de choses ne vont pas comme il faut – les logiciels sont trop lents, les ordinateurs mal interfacés, les temps dédiés au projet sous-estimés, les attentes du client complètement illusoires – qu'il est nécessaire de partager ses difficultés dès qu'elles apparaissent. On fait souvent face à une forme de pensée magique qui nous laisse imaginer que les choses vont se résoudre toutes seules. Comme si, par magie, les problèmes allaient disparaître et que tout reviendrait dans l'ordre.

Malheureusement, rien n'est plus faux. Lorsque l'on fait face à une difficulté, autant la partager rapidement pour essayer de trouver des solutions plutôt que patienter passivement en imaginant un avenir heureux dans lequel on n'aurait absolument rien à faire pour que les difficultés s'estompent par le pouvoir de la seule loi de l'attraction. Ce qu'il est possible de faire en équipe pour éviter les situations d'épuisement professionnel c'est de prendre en charge les situations problématiques dès qu'elles apparaissent pour éviter qu'elles n'empirent avec le temps.

Toute la complexité de la pensée magique nous laisse imaginer qu'en attendant, les choses vont se résoudre alors que c'est la meilleure façon pour qu'un petit problème devienne énorme. Pour le résoudre il faudra investir immensément d'énergie sans l'assurance de pouvoir véritablement le résorber à la source. Alors que si on avait pris les choses dès le départ, un petit peu d'énergie aurait généré un grand succès. Dans les rituels d'équipe, signaler les irritant dès qu'ils apparaissent et proposer des actions concrètes pour les résorber, ça n'est pas s'assurer que tout ira bien mais c'est augmenter les probabilités de succès des démarches que l'on met en place et diminuer les probabilités d'apparition des problèmes très complexes.

> *Maintenir les liens en situation conflictuelle et pendant les arrêts de travail*

Les relations à distance sont souvent propices aux quiproquos ou aux incompréhensions. Lorsqu'on n'a pas nos collègues régulièrement à proximité pour partager des moments, il nous arrive d'interpréter leurs intentions et de leur prêter une malveillance qu'ils n'ont en général pas du tout. C'est la raison pour laquelle lorsqu'un collègue part pour un congé maternité ou un arrêt maladie, il est bon – bien entendu tout en respectant son désir d'être contacté – de conserver le lien avec lui. Il ne s'agit pas de forcer une personne en arrêt de travail à être en contact avec l'entreprise, mais plutôt de continuer de prendre de ses nouvelles et de répondre aux potentielles questions qu'elle aurait par rapport à la situation du travail. L'idée est de conserver la pérennité du lien qui nous unit aux autres et de ne pas se sentir seul, de ne pas ressentir l'isolement qui amplifie les douleurs.

Lorsque le collectif de travail est puissant, il se mobilise avant tout dans les moments difficiles et pas uniquement pour célébrer les succès. C'est d'ailleurs à cela que l'on reconnaît la qualité d'une équipe : sa faculté à être là quand ça ne va pas et pas uniquement là quand tout va bien. On peut être adversaire d'un point de vue argumentaire sans être ennemi de façon interpersonnelle. C'est la raison pour laquelle même en situation de conflit, conserver ce lien, tenter la médiation par les pairs et maintenir la possibilité de discuter de ce qui nous oppose, sont les gestes importants qui permettent à l'équipe de gagner en maturité collective, de gagner en mode de fonctionnement responsable et adulte. Cette régulation des conflits qui maintient le lien entre les personnes permet de ne laisser aucun membre de l'équipe s'isoler et sombrer dans la souffrance.

Au niveau de l'entreprise

> *Donner à chacun les moyens d'exercer son métier dans de bonnes conditions*

Si le burn out est la conséquence de l'exposition prolongée à différents facteurs de risques psychosociaux comme le démontre ce livre, alors il nous faut nous attarder plus particulièrement ici sur la question du sentiment d'injustice. Ce sentiment naît de la comparaison entre une situation et celle que nous vivons à l'heure actuelle. Il peut s'agir de se comparer à soi-même dans le passé, à quelqu'un qui occupe le même poste dans une entreprise similaire, ou à d'autres critères qui nous paraissent crédibles au moment de l'évaluation. Pour éviter l'injustice au travail, il est crucial de permettre à chacun d'exercer son métier dans des conditions propices à la satisfaction des enjeux du poste et des besoins du salarié. On évitera particulièrement l'injustice en clarifiant l'évaluation et ses critères, ce qui évitera le biais de favoritisme.

Trop souvent, lorsque les équipes de travail sont en situation de tension parce qu'elles doivent rendre un projet très rapidement ou parce qu'elles font face à une très forte sollicitation, on actionne un contrôle très fort qui vise à leur demander de justifier de l'intégralité du temps passé. Plus la pression sur les équipes fortes, plus le formalisme devrait se relâcher afin de permettre aux personnes qui créent de la valeur sur le terrain de passer leur journée à œuvrer en faveur de leurs objectifs et non de remplir un tableau Excel pour prouver qu'elles travaillent. Manager par la confiance en situation de crise est un des déterminants du succès dans la transformation de cette crise en opportunité. Une entreprise qui voudrait trop contrôler le travail de ses équipes finira par détruire de la valeur là où elle voulait originellement en créer.

Personne ne se lève le matin en se disant qu'il va sciemment et pour toute sa vie profiter du système ! Changeons notre représentation de l'être humain comme étant uniquement motivé par le moindre effort et l'appât du gain, sortons de l'*homo economicus* pour offrir aux salariés de la confiance et les moyens de travailler. Savoir répondre aux besoins de nos collaborateurs c'est ce qui permet de faire avancer la machine et installe le manager dans son vrai rôle : celui de soutien de son équipe et pas uniquement de capteurs des succès.

> *Identifier et supprimer le recours à la pensée magique*

Il existe en psychologie un phénomène bien connu que nous avons déjà tous touché du doigt : la pensée magique. Il s'agit chez certains de mépriser les conséquences mais de chérir les causes, c'est-à-dire de ne pas faire le lien entre leurs actes et les conséquences. Dans le cadre de la lutte contre l'injustice au travail, la pensée magique consiste à imaginer qu'on peut ne rien faire et que les choses vont se résorber toutes seules.

La pensée magique disparaîtra dès lors qu'on mettra en place des actions structurantes pour faire taire les situations d'injustice au travail. Concrètement, quand une équipe nous demande de l'aide parce qu'elle a du mal à faire face à la charge de travail, il n'est pas question de caractériser la couleur de la charge de travail en rouge clair ou en rouge carmin mais tout simplement de comprendre qu'elle est rouge et qu'il est nécessaire d'agir.

Tout le temps qu'on passe à vouloir caractériser au millimètre près une surcharge de travail est un temps que l'on ne passe pas à accompagner une équipe qui vit une situation de souffrance. Or une équipe pour laquelle on remet en question la légitimité du besoin, va se sentir injustement considérée et accompagnée par l'employeur qui est à la source de cette charge. Renoncer à la pensée magique c'est faire confiance aux équipes quand elles disent qu'il y a un problème, lui apporter des solutions et ne pas tout simplement leur dire que les choses vont se résorber par elles-mêmes. On pourrait dire en quelques mots que le contraire de la pensée magique, c'est l'action tactique.

> *Formaliser des interventions spécifiques après un burn out dans une équipe*

Mettre en place une démarche de prévention des risques psychosociaux vise à faire en sorte de réduire considérablement la probabilité d'apparition des troubles psychosociaux tels que le burn out par exemple. Or, la vie est ainsi faite qu'il existe toujours quelques poissons qui passent à travers les mailles du filet et il arrive que malheureusement, même avec des stratégies de prévention particulièrement efficaces, certaines personnes viennent à souffrir d'une situation d'épuisement professionnel. Lorsque c'est le cas, l'entreprise se doit de protéger les membres de l'équipe qui sont exposés aux mêmes facteurs de risques. Cela ne veut pas dire que tous pourraient tomber, mais cela augmente la probabilité qu'ils soient affectés compte tenu de leur exposition à des conditions de travail similaires.

Par ailleurs, il s'agit de protéger les membres de l'équipe mais aussi de permettre le retour au travail de la personne qui est partie en arrêt pour soigner son épuisement. Pour ce faire, l'employeur peut mettre en place un entretien de groupe avec les membres de son équipe pour identifier les facteurs de risques psychosociaux qui ont précipité le burn out et proposer des solutions *ad hoc* qui visent à faire évoluer les conditions de travail dans le sens de leur amélioration. Ce faisant, on passe le message à la personne qui est arrêtée que ce n'est pas de sa responsabilité si elle souffre : si elle est tombée, ce n'est pas parce qu'elle marche de travers, c'est parce que le sol n'est pas droit. En travaillant avec les membres de l'équipe à l'amélioration des conditions de travail, on offrira à la personne qui reprendra le travail un environnement plus sain, un sentiment de culpabilité diminué si ce n'est inexistant, et un cadre propice à l'amélioration durable de sa santé mentale et de sa performance.

En bref, 3 do, 3 don't

Do

1. **Initiez le dialogue** avec votre manager et vos collègues sur les motifs de l'injustice que vous ressentez : conserver le lien et verbaliser vos ressentis permettra d'initier le processus de diminution des tensions issues de l'injustice ressentie.
2. Lorsqu'on vous formule une demande toxique ou qu'on vous traite de façon injuste, **reformulez le propos** et demandez à votre interlocuteur des précisions à l'oral afin de le confronter au caractère éthiquement préjudiciable de sa demande.
3. **Fixez un cadre** dans votre investissement au travail et tant que faire se peut, établissez un mode de fonctionnement hebdomadaire avec votre collectif pour créer une norme saine et juste pour tous.

Don't

1. **Ne restez pas seul** avec votre frustration qui vous amènerait à imaginer les pires intentions chez autrui. L'injustice étant le résultat d'un phénomène comparatif, il est essentiel de le partager avec d'autres pour s'assurer du caractère adapté de nos points de comparaison.
2. Lorsque vous ressentez une forte tension en raison d'une injustice et qu'elle se transforme tout doucement en colère, **soyez vigilants à l'énergie que vous déployez pour réduire cette colère**. En effet, se focaliser uniquement sur la réduction de nos contraintes nous empêche d'octroyer du temps à la préservation et à l'augmentation de nos ressources. Or il est important d'agir sur les deux sujets afin de préserver un bon équilibre qui nous évitera l'épuisement professionnel.
3. **Évitez à tout prix la pensée magique**. Lorsqu'une situation se dégrade et vous fait du mal, il est essentiel d'agir pour contrecarrer les sources de ces difficultés. Le premier pas est souvent le dernier : la lucidité vis-à-vis de la nécessité d'agir nous permet d'aller chercher de l'aide, de nous sentir moins seuls, et de commencer à restaurer durablement notre santé.

Chapitre 2

Les relations difficiles dans l'équipe

L'histoire vraie

« Sylvain vient nous consulter sur les conseils de son médecin généraliste. Il a démissionné de son activité professionnelle il y a quatre mois, sur un «*coup de tête, du jour au lendemain*» dit-il. Il se sent vidé, épuisé, incapable de travailler. À la seule idée de retravailler ou d'évoquer son ancienne entreprise, Sylvain fond en larmes.

Il se sent très confus quant aux raisons pour lesquelles il se trouve dans cet état. Il s'excuse à de nombreuses reprises de se montrer si «*faible*». Il éprouve de la honte, se sent très dévalorisé, incapable de s'investir dans la moindre activité.

Situation professionnelle

Sylvain a 26 ans. Avant sa démission, il était chef de produits dans une entreprise de grande distribution depuis trois ans. C'était son premier poste après avoir obtenu brillamment son diplôme en école de commerce. Son activité, au sein de cette grande entreprise, lui a procuré du plaisir pendant plus de deux ans : challenges, innovation, réactivité.

Il manageait une équipe de deux personnes et nouait de nombreuses relations transversales avec les autres services. Sylvain vivait les rapports sociaux comme une vraie bouffée d'oxygène. Cela constituait une réelle motivation pour venir travailler tous les matins. En outre, Sylvain prenait plaisir à accompagner ses collègues et à leur expliquer les spécificités de son produit. Sylvain avait cinq collègues, deux hommes et trois femmes, tous ayant plus ou moins 30 ans. Il n'était pas rare d'ailleurs que l'équipe se retrouve après le travail, parfois pour poursuivre des échanges liés à l'activité, et parfois uniquement pour le plaisir.

Sylvain avait également des liens avec ses clients, toujours exigeants, et souvent respectueux. La plupart des problèmes qu'il avait à traiter étaient compliqués, mais il arrivait en général à trouver des solutions acceptables pour tous, à force d'échanges, de réflexions et de créativité.

Au cours de nos échanges, Sylvain estime avoir toujours beaucoup douté de ses compétences. Il a toujours beaucoup travaillé pour atteindre un niveau qu'il juge acceptable. Déjà au collège, puis au lycée, il s'est très investi de crainte de ne pas être suffisamment bon élève, de décevoir sa famille.

Sylvain est issu d'une famille de trois enfants. Ses deux sœurs ont causé des soucis à leurs parents : elles n'ont pas été de bonnes élèves et ont eu une adolescence difficile. L'une a arrêté le lycée sans avoir obtenu le baccalauréat, l'autre, très extravertie, sortait beaucoup et était en conflit avec ses parents. Sylvain s'est souvent retrouvé dans une situation d'intermédiaire entre ses sœurs et ses parents. Par exemple, lorsque des disputes éclataient, il discutait avec sa sœur d'un côté, ses parents de l'autre, puis il engageait une conversation tous ensemble. Lorsque l'une avait de mauvaises notes, Sylvain la faisait travailler. Il se sentait obligé de « *réussir, comme si c'était une mission* ».

Son manager était un homme expérimenté, très qualifié et très orienté vers le résultat. Il avait gravi les échelons dans l'entreprise à la force du poignet. « Vieille école », il était persuadé que la réussite ne passe que par le travail. Il ne croyait pas à toutes ces théories modernes autour du collectif, étant persuadé que « *Rien n'est mieux que la compétition pour que chacun se dépasse* ». Très exigeant avec chacun de ses collaborateurs, il ne laissait rien passer. Lorsqu'il avait intégré l'entreprise, Sylvain avait apprécié ce comportement, car il se disait qu'il apprendrait beaucoup avec un tel patron.

Cependant, il reconnaît aujourd'hui que la relation avec son manager a toujours été «*complexe, ambivalente*». Au fur et à mesure que Sylvain a pris de l'assurance, la relation avec son manager est devenue moins fluide. Son manager lui demandait toujours plus: plus de reporting, plus d'analyses, plus de résultats, plus de demandes à toute heure, même le week-end. Si Sylvain se rendait compte que certaines tâches apparaissaient redondantes, parfois inutiles, augmentant significativement sa charge de travail, et qu'il faisait des remarques pour améliorer certains process, il avait l'impression d'agacer son manager et de ne pas être écouté. Un jour celui-ci lui a reproché d'être mal organisé. Il lui a demandé de se concentrer sur son travail plutôt que de «*vouloir révolutionner le fonctionnement de l'équipe*».

Progressivement Sylvain a eu le sentiment que sa charge de travail augmentait dans l'indifférence de son manager. Comme les effectifs étaient en flux tendu, prendre des congés devenait un problème pour Sylvain. Pauser des congés le culpabilisait: «*Si je ne suis pas là, qui fera le boulot? Ça retombera sur le dos de mes collaborateurs qui sont déjà surchargés*».

Durant les derniers mois avant de poser sa démission, espérant que ça irait mieux, que la charge de travail allait diminuer ou qu'il serait plus efficace, Sylvain s'est investi encore plus. Pour absorber la charge de travail et «*être à la hauteur*», Sylvain a cessé de prendre des pauses. Il a supprimé tous les moments de convivialité: «*Cela prenait trop de temps de parler avec les uns ou les autres*». Il arrivait de plus en plus tôt, restait au bureau de plus en plus tard, n'hésitait pas à boucler des dossiers le week-end pour arriver l'esprit plus libre le lundi matin. Il avait l'œil en permanence sur sa boîte mail pour ne rien laisser passer et surtout ne pas laisser sans réponse un mail de son patron. Il n'avait plus le temps de se poser des questions.

Ses collègues, se rendant compte qu'il avait trop de travail lui ont quelquefois proposé de l'aider, mais Sylvain refusait, persuadé qu'il perdrait plus de temps à leur expliquer la tâche plutôt que de la faire lui-même. Certains collègues exprimaient parfois une certaine inquiétude, trouvant Sylvain irritable, fuyant, impatient. Au bout du compte, ils ont fini par intégrer ce changement de comportement et ont continué leur travail comme si de rien n'était. Après tout, chacun a ses problèmes et le patron attend des résultats.

Petit à petit, Sylvain s'est isolé : « *Personne ne pouvait me comprendre* ». Il est devenu cynique, indifférent au mécontentement de ses clients et aux tentatives de ses collègues pour restaurer un semblant de relation. Les résultats de Sylvains se sont dégradés. L'année précédente il était arrivé deuxième de l'équipe engendrant un peu de jalousie de la part des collègues. Cette année il était en queue de peloton. Malgré tout, il continuait sans relâche. Il pensait que c'était le seul moyen de retrouver la maîtrise de son poste, l'atteinte de ses objectifs et peut-être de mériter la reconnaissance de son patron.

Les raisons de la démission

Il y a quatre mois, Sylvain a démissionné de son poste du jour au lendemain à la suite d'une altercation avec une collègue, à propos d'un de ses clients qui s'était plaint à elle de n'avoir pas eu de réponse à une demande. La collègue était venue voir Sylvain pour l'alerter avant que cet événement ne vienne aux oreilles du patron.

« *C'est ce qui a tout déclenché* » a expliqué Sylvain. Mais il estimait que les causes de son mal-être au travail, outre la futilité de ses activités, étaient plus graves : d'une part l'absence de liens et d'entraide, ce que Sylvain nommait « l'hypocrisie de ses collègues », d'autre part l'absence de reconnaissance et de soutien de son manager, ce qu'il percevait comme un manque d'humanité de son chef.

Au niveau de la sphère personnelle

Sylvain exprime de grandes satisfactions liées à sa relation avec sa femme, qu'il qualifie aisément de « *remplie d'amour, soutenante, proche, respectueuse* ».

L'épouse de Sylvain se montre très compréhensive quant à l'arrêt de Sylvain. Elle ne lui reproche rien, mais n'évoque jamais le sujet. La démission de Sylvain semble constituer un sujet tabou, ce que regrette Sylvain. Mais en même temps il est soulagé de ne pas parler de son ancien travail, ni de sa démission. C'est tellement douloureux pour lui d'en parler. Mais se taire renforce en lui la sensation d'isolement, le sentiment que personne ne peut le comprendre.

Cependant cette démission a surpris sa femme. Elle avait bien remarqué depuis plusieurs mois que Sylvain rentrait de plus en plus tard à la maison et qu'il apportait de plus en plus de travail le week-end. Mais ils n'en avaient jamais vraiment parlé à la maison. Il semblait à Sylvain que c'était davantage pour le protéger que par indifférence. ❞

Décrypter la situation

Sylvain a intégré la croyance selon laquelle il doit être «*facile à vivre, bon élève, réussir ses études, avoir un bon travail, être toujours là pour sa famille*». Il est obligé de «réussir», il n'a pas le choix. Sylvain est celui qui maintient la famille unie, une famille qu'il ne doit surtout pas décevoir. Or, se montrer fatigué, en colère, moins performant, triste, etc., est vécu comme une faiblesse, synonyme, pour lui, de faute, de défaillance.

La pression permanente que Sylvain s'impose pour paraître «fort», pour lui donner l'impression d'assurer ses responsabilités, permet de comprendre les comportements qui l'ont mené au burn out.

Sylvain est dans le **contrôle permanent**:

- il consulte ses messages électroniques professionnels à tout moment et en tout lieu;
- il refuse l'aide proposée par les collègues;
- il arrive tôt, repart tard, et ne prend presque aucune pause;
- il doit être parfait.

Cet hyper contrôle conduit Sylvain à travailler sans relâche. Il a développé un perfectionnisme farouche, derrière lequel se cache une angoisse de mal faire et d'être mal jugé. Tout détail doit être parfait, sinon il ne pourra se sentir à la hauteur. À la moindre imperfection, Sylvain se juge mal. Il ne supporte aucun écart, aucune faute, aucun doute. À la moindre erreur, Sylvain se sent coupable, ce qui l'amène à redoubler d'effort. Son exigence se trouve alors renforcée.

Préserver les autres mais pas soi

- Il ne veut pas prendre de congés pour ne pas surcharger ses collaborateurs.
- Il ne parle pas de sa situation professionnelle difficile à sa femme pour ne pas qu'elle s'inquiète.

Préserver tout le monde empêche Sylvain de déléguer et de demander de l'aide. Cela se traduit par un investissement supplémentaire : absence de prise de congés, refus de partager ce qu'il ressent.

Enfin, demander de l'aide auprès d'autrui risquerait de prouver un manque de maîtrise et une faiblesse. Ceci le placerait en dehors de ce qu'il perçoit comme étant son positionnement dans la famille. Le risque à payer serait trop gros, trop douloureux et réduirait à néant cette image qu'il s'est forgée depuis si longtemps. Son estime de lui dépend en grande partie de ce paraître : assurer et répondre aux exigences construites à tout moment et en toutes circonstances.

Sylvain est persuadé qu'il va s'en sortir sans l'aide de personne. Il est dans le déni de sa détresse :

- il ne prend plus de congés ;
- il rentre de plus en plus tard et rapporte du travail à la maison ;
- il répond à la demande sans jamais dire stop ;
- il n'identifie pas ce qu'il ressent.

Dans cette situation, Sylvain a perdu le sentiment d'appartenance à la communauté. Il travaille à côté de ses collègues, et plus avec eux. Lui qui était très investi pendant les deux premières années, a, petit à petit, désinvesti sa sphère émotionnelle et sociale. Il s'est constitué une sorte de déni émotionnel : il ne reconnaît plus ses émotions ni ses sensations afin de poursuivre de manière automatique ses engagements et retrouver maîtrise et reconnaissance.

Il est devenu cynique, critique, amer à l'égard de ses collègues et clients. Cette expérience douloureuse engendre des réactions inappropriées : Sylvain s'exclue petit à petit et provoque une rupture au sein de la communauté. Son hostilité engendre un retrait des relations qu'il entretenait jadis avec ses collègues.

Le positionnement de l'équipe

Ses collègues sont attentifs, ils repèrent :

- la surcharge de travail de Sylvain et proposent de l'aider ;
- le changement de comportement de Sylvain et s'en inquiètent.

Mais, sans retour de la part de Sylvain, ils se désintéressent rapidement et finissent par détourner le regard. La distanciation est telle que Sylvain n'a plus pu recevoir le soutien d'autrui. Il s'est enfermé dans l'isolement et le sentiment de ne pas pouvoir être compris. Tout effort de l'autre était vain. Un des événements déclencheurs est dû à une maladresse ou à une méconnaissance dans la façon de s'intéresser à un collègue en difficulté.

Par ailleurs, il est toujours bien difficile de pouvoir venir en aide à quelqu'un qui ne l'encourage pas, voire refuse tout soutien et se trouve dans le déni. Si Sylvain avait pu s'exprimer et partager avec des personnes qui vivaient la même situation et qui, potentiellement, avaient pu partager des ressentis comparables, cela lui aurait peut-être permis de reprendre le cours de sa vie professionnelle en se sentant appartenir à un groupe soutenant.

L'attitude du manager

Le manager de Sylvain demande toujours plus à Sylvain sans contrepartie : absence d'encouragement, de remerciements, de reconnaissance des efforts, etc.

Il est dans le déni des difficultés de son collaborateur :

- il transmet des mails sans se soucier des heures, des week-ends, etc. ;
- il n'écoute pas ses propositions pour réduire la charge de travail de Sylvain.

Il ne lâche pas prise et n'accepte ni les erreurs ni les échecs : très exigeant avec chacun de ses collaborateurs, il ne laisse rien passer.

Il n'entraîne pas son équipe vers un but commun :

- il ne croit pas à toutes ces théories modernes autour du collectif. Rien n'est mieux que la compétition pour que chacun se dépasse ;
- il ne favorise pas l'entraide.

L'entreprise, représentée par le manager de Sylvain, se montre indifférente aux quelques essais d'amélioration proposés par Sylvain pour arranger la situation. Le manager ne répond pas, ce qui tend à renforcer la culpabilité de Sylvain. Le management, centré sur la recherche de performance au détriment de la relation humaine, encourage le renoncement de soi.

Sylvain a perdu toutes ses stratégies d'ajustement dans cet environnement de travail difficile. Ses repères sont remis en cause. Ses capacités d'adaptation sont débordées.

Quelques repères psychologiques sur les relations

La qualité des relations et le soutien social constituent un des remparts les plus significatifs en termes de détresse psychologique. Ils permettent de lutter contre l'anxiété et de s'adapter en situation de stress aigu et chronique. Le soutien social représente un véritable facteur de récupération.

Le sentiment d'appartenance

Le sentiment d'appartenance à la communauté protège la santé individuelle et collective. Il permet d'accentuer le plaisir au sein de l'organisation : plaisir de se retrouver, d'échanger, de partager un moment, des projets, des moments de convivialité...

En outre, le besoin d'appartenir à une communauté est inhérent à la condition humaine et trouve son origine avec nos ancêtres : en effet, faire partie d'un groupe permettait aux hommes et aux femmes de se protéger contre les dangers de l'environnement. Il est plus facile de vaincre un animal sauvage à plusieurs que lorsqu'on est seul. Par ailleurs, le succès de la chasse, qui permet de se nourrir, repose sur la coopération. La chasse se pratique en groupe. Être exclu du groupe devient alors synonyme de mort.

L'homme ne peut vivre sans ses **attachements multiples**. Nous l'avons vu, ils lui assurent une protection face aux aléas du quotidien et accidents de la vie. Ils permettent également la reconnaissance d'une identité et de sa propre existence en tant qu'être humain. Selon la théorie de la préservation des ressources[3], la possibilité de se tourner vers un tiers permettrait de mieux faire face aux situations de travail difficiles. Le lien social et la solidarité sont un soutien et jouent un rôle positif sur la santé. Ils permettent de renforcer le sentiment de **sécurité psychologique**. En outre, ils augmentent l'estime de soi et la confiance en ses compétences.

Le soutien social

L'anéantissement des relations sociales isole l'individu qui perd alors un ingrédient essentiel à la constitution de son identité professionnelle. Le délitement du travail d'équipe, les relations amicales et familiales sont gagnées par les émotions négatives : sarcasmes, agressivité, solitude, amertume, épuisement, frustration, cynisme, sentiment de non-accomplissement personnel… Afin de pouvoir poursuivre, la personne se coupe d'elle-même et devient étrangère à sa propre personne : « Le détachement et la distanciation sont caractéristiques du burn out[4] ».

Robert Karasek, professeur de psychosociologie au département Travail et environnement de l'université Lowell au Massachusetts, développe, en 1979, un modèle d'analyse du stress au travail dans lequel il conclue que les effets des situations de travail contraignant (faible autonomie et forte demande psychologique) engendrent plus d'impacts délétères sans le soutien social. Le soutien social décrit l'aide dont peut bénéficier le salarié, de la part de ses supérieurs hiérarchiques ou de ses collègues.

Dans un certain nombre de cas de souffrance psychologique, des personnes ressentent de la honte et de la culpabilité. De la honte lorsque la personne perçoit la souffrance telle une faiblesse, comme si cela remettait en question des valeurs ou une appartenance à une culture familiale. Cela est d'autant plus vrai lorsque la personne a souvent entendu qu'il « fallait être fort / dur / solide / méritant ». Et de la culpabilité liée à un sentiment d'impuissance, pour soi et par rapport aux autres : « *À cause de moi, ma famille est en souffrance… Je ne montre pas le bon exemple* ». Combien de fois avons-nous entendu : « *Je démérite / je ne mérite pas l'amour de ma famille / je l'ai déçue* » ou encore « *Si seulement j'avais un cancer, j'aurais le droit de me reposer et de pleurer* ». Il s'agit alors, dans de telles situations, de déconstruire des schémas, des perceptions qui font office de vérités intérieures, et qui empêchent l'individu de remettre en compte le système qui l'a happé. Et de reconstruire d'autres modèles, d'autres vérités, plus justes, plus respectueuses de la personne et de son environnement.

Autoriser une personne en souffrance à s'exprimer en toute liberté sur la douleur d'un événement, quel qu'il soit, lui permet alors d'extérioriser ses émotions, de se sentir compris, soutenu et affilié à un groupe dans lequel règne une certaine cohésion.

Le fait d'échanger permet de partager un sens et de mettre fin à un extrême sentiment de solitude. Le fait de pouvoir exprimer et partager avec des personnes qui vivent la même situation et qui ont des ressentis comparables, permet de reprendre le cours de sa vie professionnelle en se sentant appartenir à un groupe soutenant. Le soutien social représente un véritable facteur de récupération.

Comment prévenir le délitement des relations ?

Au niveau individuel

> *Repérer ce que nous ressentons*

Pour prévenir le délitement des relations, il faut repérer nos ressentis et ce qui est facteur de motivation, qui nous donne de l'énergie, de l'envie, du plaisir. Et, a contrario, ce qui est facteur de déplaisir, de pression, de souffrance. La meilleure façon de se protéger est de reconnaître nos limites, d'identifier ce qui est essentiel pour nous, de discerner nos tristesses, nos angoisses, nos vulnérabilités. Comme tout être humain, nous disposons d'un seuil de vulnérabilité individuel. Le connaître est courageux et responsable, par rapport à nous-mêmes et nos proches. Cela nous permet d'agir en conséquence.

> *Réfléchir à la raison pour laquelle nous vivons la situation*

- pourquoi ne puis-je pas demander de l'aide à mes pairs / ma famille / mes amis ?
- quel est le sens de cette situation ?

- pourquoi me suis-je tellement engagé dans ce travail ?
- ai-je besoin de prouver que je peux dépasser mes limites ?
- ai-je besoin de prouver que je peux répondre à toutes les sollicitations ?
- à qui dois-je le prouver ?
- qu'ai-je besoin de me prouver ?
- pourquoi j'accepte de me maltraiter ou de me laisser maltraiter ?
- quels bénéfices je retire de cette situation ?
- ...

Ces questionnements permettront de prendre conscience de ses valeurs, de ses envies et de ce qui fait sens pour chacun d'entre nous, prendre la mesure de ses choix, de ses compétences, de sa place au sein de ses sphères de vie et dans l'équipe. Ce sont quelques questions (non exhaustives) pour mieux se connaître, modifier des schémas de pensées, et agir différemment.

> *Solliciter de l'aide*

En cas de stress au travail, d'épuisement, de tristesse, de colère, d'angoisse, de démotivation, si nous avons l'impression d'être enfermés dans un système, de ne pas être compris, si nous nous éloignons des personnes que nous aimons, c'est un signe. Le reconnaître permet d'agir : il est alors nécessaire d'en parler à un proche : son manager, un mentor, un ami, un membre de sa famille, un psychologue, un coach... Il ne faut pas penser que son mal-être ou les difficultés traversées vont passer tout seul, sans rien faire. C'est peut-être parfois le cas, mais dans une grande majorité des situations, cela relève de la pensée magique qui consiste à penser que seul le temps qui passe, et uniquement le temps, va permettre à la situation de s'arranger.

Il faut aussi solliciter l'aide des proches : familles, amis, collègues, collaborateurs, managers. Le soutien attentif d'autrui nous permettra de nous sentir considérés, de nous remettre en question, de déconstruire pour reconstruire différemment.

> *Se demander comment agir différemment*

Pour agir différemment, on peut se poser la question suivante : comment puis-je modifier mes conditions de travail pour diminuer leur impact négatif sur mon bien-être ? Les solutions sont différentes pour chacun : dans certains cas, il s'agira de refuser une charge de travail supplémentaire, ou proposer des compromis sur les délais, les livrables, les objectifs. Dans d'autres situations, il sera nécessaire d'évoquer le sujet en équipe afin d'organiser l'activité différemment. Dans certaines situations, la personne devra s'arrêter afin de se reposer et de se ressourcer.

Dans tous les cas, il est nécessaire d'agir. L'objectif est de se protéger, donc de sauvegarder et restaurer sa santé physique et mentale.

Au niveau de l'équipe

> *Parler à son manager et à son équipe*

Il est nécessaire d'évoquer le sujet avec le manager et l'équipe afin de ne pas s'enfoncer dans le mal-être et de modifier les conditions de travail. On peut ainsi repérer en équipe les facteurs de stress et d'insatisfaction, ainsi que les facteurs qui génèrent du plaisir et de la motivation.

Le repérage de ces éléments permet à l'équipe d'évoquer le sujet, de partager les vécus, de briser un sujet qui est souvent perçu, à tort, comme un tabou, de briser la sensation d'isolement dans laquelle l'individu est enfermé. Cet exercice permet également de repérer ce qui génère la souffrance au travail et donne alors la possibilité de mener des actions efficaces.

> *Réfléchir en équipe*

On peut également réfléchir, en équipe, à des actions à mener afin de réduire les facteurs qui engendrent des troubles et qui ont des impacts délétères sur la santé physique et psychologique. Ce peut être, par exemple, d'installer des règles de fonctionnement d'équipe sur les moments de pause et de sollicitations, de faire des feedback. On peut ainsi s'octroyer le droit à l'erreur afin de réduire les exigences.

> *S'intéresser aux autres*

Repérer les collègues en surcharge de travail permet de : s'inquiéter avec tact du changement de comportement d'un collègue, vérifier s'il s'isole, s'il est plus irritable que d'habitude, s'il semble plus fatigué, s'il fait des erreurs inhabituelles, s'il a des difficultés à se concentrer, etc.

Au niveau de l'entreprise

Clarifier les objectifs individuels et d'équipe permet de faire attention aux périmètres d'activités des collaborateurs afin de ne pas créer de la compétition entre collaborateurs. Il est important de reconnaître les efforts de chacun, l'investissement dans le travail autant que les résultats.

Il est nécessaire de montrer l'exemple aux équipes, en faisant des pauses, en ne les sollicitant ni les soirées, ni les week-ends, ni les congés. On peut aussi s'autoriser à évoquer ses propres difficultés face aux équipes afin que chacun s'octroie le droit de s'exprimer. Il est utile de créer des moments de convivialité et d'organiser de la cohésion afin d'entraîner l'équipe vers un but commun et partagé.

En cas d'alerte, il est impératif de rencontrer la personne aussi vite que possible afin de partager ses doutes et ses inquiétudes et d'identifier avec elle des actions. Il est essentiel pour la personne de se reconstituer avec l'aide d'autrui. La reconstruction passe par le collectif. Il sera essentiel pour l'entreprise qui vit une situation de burn out de réinterroger ses pratiques afin de restaurer une communauté.

En bref, 3 do, 3 don't

Do

1. **Prenez conscience de votre valeur**, de votre place dans l'équipe et de ce que vous apportez à l'équipe, tant au niveau des compétences techniques que du lien.
2. Si vous êtes en difficulté, que vous ressentez un mal-être, **posez-vous des questions et parlez-en à un proche** : votre manager si la confiance est installée entre vous, un mentor, un ami ou un membre de votre famille. La reconstruction passe d'abord par le soutien et la considération.
3. **Soyez attentif aux autres** : si vous repérez un changement de comportement d'un collègue (repli sur soi, irritabilité inhabituelle, difficulté de concentration, etc.), inquiétez-vous de lui avec tact et sans jugement.

Don't

1. Soyez attentif à **ne pas tomber dans le contrôle permanent**. Lorsque vous ressentez le besoin de vérifier tout ce que font vos collaborateurs/collègues, cela doit vous alerter sur vous-même et sur le niveau de stress auquel vous êtes soumis. Évitez à tout prix de comparer vos performances à celles de vos collègues. Bien au contraire, demandez-leur de l'aide. Partagez vos pratiques plutôt que vos résultats.
2. Ne restez pas seul avec vos difficultés, **ne vous isolez pas**. Si vous sentez que vous n'avez plus envie d'échanger, de partager, obligez-vous, plus que jamais, à vous rapprocher d'un pair, d'un ami, ou de la famille.
3. **Ne devenez pas esclave des technologies** en consultant vos messages professionnels à tout moment et en tout lieu. Les nouvelles technologies alliées au télétravail sont véritablement addictives car la frontière entre la vie privée et la vie professionnelle n'existe plus. Le danger pour les salariés est réel. C'est pour cela que les entreprises signent des accords sur le droit à la déconnection.

Chapitre 3

Burn out et conflits éthiques

L'histoire vraie

Situation professionnelle

« Élodie a 44 ans et possède un diplôme d'ingénieur en informatique. Elle a connu une évolution progressive au sein d'une grande entreprise de conseil, avec une carrière linéaire, passant du poste de cheffe de projet à celui de directrice de service innovation sur des projets à forts enjeux. Diagnostiquée haut potentiel, elle a intégré plusieurs programmes internes afin de promouvoir le développement de carrières chez les femmes notamment à des postes stratégiques. Elle est appréciée pour son dévouement et ses qualités humaines. Elle explique qu'elle a fait preuve d'un fort investissement professionnel parce qu'elle a reçu une éducation où le travail représente une valeur importante et contribue également à une émancipation sociale.

Venant d'un milieu modeste et considérant les sacrifices financiers que ses parents ont dû faire pour lui permettre d'intégrer une école supérieure, elle explique qu'elle n'avait en quelque sorte pas d'autre choix que celui de réussir, d'autant que son frère et sa sœur, qui n'avaient pas fait de grandes études, la taquinaient souvent d'être la fierté des parents et donc l'enfant préférée. Son père lui avait conseillé d'être médecin, affirmant qu'elle en avait les capacités et que ce serait un métier « plus simple pour une femme ». Passionnée par les sujets d'intelligence artificielle, elle a choisi la voie de l'informatique mais elle reconnaît avoir eu le sentiment de devoir travailler deux fois plus que ses homologues masculins, afin de démontrer ses capacités techniques et prouver sa légitimité.

Dotée de grandes qualités relationnelles, appréciant le fait de transmettre son savoir et le travail en équipe, évoluer sur un poste de manager était pour elle une évidence. Au fil des années, elle est devenue une figure incontournable au sein de la société, reconnue par son équipe notamment pour sa capacité à avoir su préserver une cohésion sociale, malgré deux vagues de restructuration au sein de l'entreprise. Pourtant, ces périodes n'ont pas été simples pour Élodie car la motivation des salariés décroissait à cause des inquiétudes qu'ils ressentaient vis-à-vis de l'avenir. Elle explique qu'elle a dû redoubler d'efforts pour accompagner ces changements. L'énergie déployée était d'autant plus importante qu'elle n'était, elle-même, pas toujours convaincue par les décisions stratégiques prises. Toutefois, étant membre du comité de direction, cela impliquait pour elle de rester loyale envers son entreprise.

Au niveau de la sphère personnelle

À la maison, elle explique que ses enfants lui reprochent sa faible disponibilité mais également les déménagements subis au gré des mutations. Pour autant, elle se plaît à leur inculquer cette valeur travail qu'elle a elle-même reçue. Elle confie qu'elle ne se serait pas reconnue dans cet exemple qu'elle qualifie de « maman modèle », en négligeant sa carrière pour aller chercher ses enfants à l'école ou participer à des sorties scolaires. Elle explique qu'elle a davantage joué son rôle de mère en s'investissant comme parent d'élève ou encore en mettant en œuvre des sorties ou des voyages culturels.

En dehors du travail et de la vie de famille, elle reconnaît s'être oubliée elle-même, s'allouant peu de temps personnel en dehors de quelques séances de shopping.

Le travail occupait une place centrale dans sa vie et forgeait son identité. Elle côtoyait également des amis ayant le même type de poste qu'elle et l'investissement dans le travail constituait alors sa normalité.

Les raisons de la démission

Il y a deux ans, son entreprise a été rachetée par un grand groupe. Elle explique que la culture a fortement évolué et que la simplicité des relations s'est abîmée à la faveur d'une organisation en mode « silo ».

Cette fusion a produit des doublons pour un certain nombre de postes d'encadrement, ce qui a engendré chez Élodie un stress, celui de devoir de nouveau faire ses preuves et mériter sa place. Néanmoins, elle s'estimait chanceuse et avait encore à cette époque l'optimisme de transformer chaque difficulté en opportunité. Mais rapidement, les relations avec son nouveau patron se sont compliquées. Elle raconte avoir été choquée par le discours de ce dernier qui leur présentait au cours des réunions de service, le rôle que les encadrants devaient jouer en « dégraissant le mammouth », c'est-à-dire en ciblant une réduction des effectifs sans recourir à un plan social. Pour cela, elle explique que par le biais de ce qu'il qualifiait de l'humour, il les incitait à priver des collaborateurs de primes ou à refuser leurs congés. Ces pratiques ne correspondaient pas aux valeurs d'Élodie, au respect et à l'estime qu'elle portait aux membres de son équipe.

Pour autant à cette période, elle explique avoir été prise entre le besoin de plaire à ce nouveau manager en montrant son attachement et son engagement envers l'entreprise, et le sentiment de n'avoir rien à prouver, écoutant le désaccord profond qui naissait vis-à-vis du discours et de la vision de ce nouveau responsable.

Lors de plusieurs comités de direction, elle constate qu'elle subit les propos de cette personne avec une profonde violence, les qualifiant d'immoraux. Elle raconte que ce dernier lui demande alors, par exemple, de déprécier le travail de certains de ses collaborateurs de sorte qu'ils ne puissent bénéficier de primes. Investie dans son entreprise, elle reconnaît avoir obéi à cette directive, perdant au passage deux de ses collaborateurs. À ce sujet, elle exprime le sentiment d'avoir subi un « viol moral ». Elle explique que progressivement s'installe un dégoût de soi et une perte d'estime. Peu à peu se distille entre son équipe et elle une distance qui la surprend elle-même, et qu'elle nourrit dans le seul but d'économiser ses ressources personnelles. Elle constate que ces rapports sociaux exigent d'elle de plus en plus d'énergie, ce qui lui donne le sentiment d'être plus lente, moins réactive dans son travail, et la culpabilise.

Le 8 octobre 2021 reste une date plus particulièrement gravée dans sa mémoire. Alors qu'elle est au volant, elle ressent avec effarement l'envie de projeter son véhicule contre un poids lourd qui arrive en sens inverse. À ce moment précis, elle comprend que ce geste fantasmé répond au besoin de ne plus souffrir, tout en préservant sa famille, en donnant l'illusion qu'il s'agit d'un accident; tout en sauvegardant dans son cercle amical l'image d'une réussite sociale et professionnelle.

Cette pensée a eu l'effet d'un électrochoc: Élodie reconnaît alors à quel point sa blessure est profonde et combien elle se sent submergée et dépassée par ses émotions. Avec du recul, elle reconnaît que d'autres signaux physiques étaient déjà présents (maux de tête, cardiopathie), mais qu'elle les avait minimisés.

Élodie vient alors nous consulter avec le besoin de prendre de la distance vis-à-vis de cette situation et plus globalement, elle souhaite requestionner son projet professionnel et son projet de vie. »

Décrypter la situation

Dans la prise en charge d'une personne victime d'épuisement professionnel, l'analyse du discours, l'association et l'enchaînement d'idées sont des éléments centraux pour analyser la construction de la pensée. Ils expliquent en quoi, ce qui peut sembler insignifiant pour l'écoutant, fait sens pour la personne victime d'épuisement professionnel.

Pour comprendre la situation d'Élodie, nous devons comprendre en quoi son système de pensée et ses croyances ont conditionné sa perception du monde qui l'entoure, puis à quel moment ses valeurs et ses besoins n'ont plus été respectés.

Cet effondrement du système de pensée présente plusieurs causalités.

L'obligation de réussite

Lorsqu'Élodie nous raconte son histoire, nous comprenons qu'à l'origine même de son projet professionnel, était projeté en elle des idéaux parentaux. Nous observons qu'elle s'impose à elle-même une obligation de réussite, afin de ne pas décevoir ses parents. Dans son esprit, cela correspond à un acte d'amour et de gratitude envers ces derniers qui ont procédé, comme elle le dit, à « des sacrifices financiers ». Ainsi, la réussite professionnelle agit comme une promesse morale envers ses parents. Nous définissons ainsi le premier impératif d'Élodie.

Cette obligation de réussite est également liée à une croyance à laquelle elle tient, et qui porte l'injonction de changer les représentations et les stéréotypes sur la place des femmes dans des métiers techniques. Le langage utilisé renvoie à une forme de combat pour la parité, symbole de la femme libre qui se cherche à maintenir l'équilibre entre le fait d'être une femme, une mère, une épouse, et un cadre dirigeant. À travers l'analyse de son discours, nous comprenons également que cela induit notamment le fait qu'elle tente de refouler ses émotions, de peur qu'elle soit perçue, par ses pairs, comme une personne fragile. Ainsi, elle ne s'autorise pas à ressentir et à questionner les émotions vécues.

Cette troisième obligation de réussite est également un engagement qu'elle prend envers ses enfants, c'est-à-dire que lorsque ceux-ci réclament davantage de présence, c'est un moyen pour elle de justifier ce manque de disponibilité. Parallèlement, l'investissement et la réussite par le travail doivent incarner un principe même d'éducation, mais aussi le moyen par lequel elle peut offrir à ses enfants cette émancipation sociale qu'elle convoite. Permettre à ses enfants de voyager et de s'ouvrir à d'autres cultures, à d'autres façons de vivre, est notamment un élément indispensable pour elle.

Le rapport au travail

Dans la situation d'Élodie mais plus globalement dans les situations d'épuisement professionnel, nous observons un surinvestissement dans le travail, couplé à un haut niveau d'exigence vis-à-vis de soi-même.

C'est comme si le travail ne pouvait se faire sans elle, comme si en tant que cadre dirigeant, elle ne pouvait s'autoriser le droit à la déconnexion. Elle parle également de l'entreprise qui l'employait comme de sa propre entreprise, mettant en avant le manque de distanciation et une confusion dans son rôle.

Son rapport au travail est tel qu'on observe une dépendance, le besoin d'un effort compulsif, supérieur à la moyenne. En effet, elle se sent indispensable et se fait une obligation de travailler dur. Elle ne peut s'empêcher de lire et traiter ses mails durant ses vacances, de porter des projets transverses même si cela implique de travailler le week-end.

Culturellement, ce surinvestissement est positivement perçu en entreprise. Néanmoins, là où l'on peut observer une dérive, c'est que l'on passe d'une posture d'engagement qui procure du plaisir à un conflit interne où on s'efforce de travailler sans y trouver du plaisir.

La potentialité de perdre son poste de membre du comité de direction est en partie perçue comme un sentiment de gâchis du temps investi, comme si elle avait donné de son temps pour gravir marche par marche les échelons et qu'il fallait de nouveau tout recommencer. Le rapport que chacun entretient au temps est spécifique, il renvoie à celui dont on dispose dans cette vie et donc renvoie également à l'angoisse de mort. Il y a dans cette vie une seule chose qui ne s'achète pas et qui, lorsqu'elle passe est perdue pour toujours : cette chose est le temps.

Le conflit éthique

Le rapport Gollac[5], a contribué à inscrire le conflit éthique comme une des dimensions du conflit de valeurs à côté de la qualité empêchée et du sentiment d'utilité. Il se définit comme un travail qui vient en contradiction avec ses convictions personnelles. Deux conflits éthiques s'observent dans la situation d'Élodie.

Le premier réside dans le fait de porter des changements dont elle ne perçoit pas toujours le sens ou pour lesquels elle n'est pas en adéquation avec les orientations stratégiques. Le métier de manager est un métier difficile qui implique de combiner avec deux identités, le soi en tant que salarié et le soi en tant que manager. En qualité de salarié, je peux être en désaccord avec le changement mais avec mon costume de manager, je me dois d'être acteur de ce dernier. Cette dualité est une gymnastique pas toujours aisée et qui peut nous perdre. Sur ce point, les échanges de pratiques mais aussi la mise en place des groupes de codéveloppement entre pairs sur les thématiques autour du management et de l'accompagnement au changement, permettent de sortir de l'isolement et de la représentation qu'un manager est tout puissant, doit tout savoir et tout maîtriser.

Néanmoins, les conditions de réussite de ce type d'actions induisent d'être dans un environnement suffisamment sécure pour se laisser aller à parler de ses propres doutes et livrer ses émotions. Sauf que précisément dans la situation d'Élodie, il y a un contexte de changement impliquant que des managers se sentent implicitement en concurrence, ce qui peut constituer un frein au partage de ses émotions. Il n'empêche que ces causalités, gouttes d'eau de trop, nous mettent en désaccord avec le changement.

Dans l'histoire racontée par Élodie, il y a également un changement de culture dans l'entreprise, passant d'une structure paternaliste qu'elle qualifiera de bienveillante et permettant l'expression de son potentiel, à une entreprise impliquant davantage de lourdeur dans les process. D'une structure au sein de laquelle elle est reconnue et où elle est membre du comité de direction, à un nouveau schéma d'organisation, où elle a le sentiment de redevenir une anonyme, comme pour reprendre son expression, « *un numéro* ». Sans même en avoir conscience, Élodie sort de sa zone de confort, et cela entraîne des peurs : la peur de l'inconnu, la peur de la perte ou encore la peur d'échouer.

Le second conflit éthique est lié à l'arrivée de son nouveau directeur. Rapidement, elle est en désaccord avec ses propos. Ce point la heurte profondément parce que sa manière de s'adresser à autrui ne correspond pas à ce qu'elle estime être du respect envers elle-même et envers les autres. Par ailleurs, ce dernier lui demande de se comporter de manière qu'elle qualifie immorale voire illégale, ce qui n'est pas en conformité avec sa vision du monde qui l'entoure.

Pourtant Élodie semble se sentir privée de sa capacité d'agir, de peur que cela soit mal perçu et que cela lui porte préjudice dans son travail. Néanmoins, se sentant victime de ce comportement, cette situation créée une hypervigilance et elle reconnaît avoir eu ensuite des difficultés à distinguer les demandes réelles, les provocations de ce dernier et sa propre interprétation. Plus le temps passe et plus elle se sent dans une situation inconfortable dans la mesure où elle a le sentiment que l'autre exerce un pouvoir, une emprise sur elle qu'elle symbolise d'ailleurs par un sentiment de « viol moral » au sens où elle se sent forcée à faire ce qu'elle ne veut pas.

Cette situation revêt alors pour elle une certaine gravité. Pour autant, elle se sent en marge de ses pairs, qui à son sens, cautionnent ces comportements en riant avec le directeur. Elle se met ainsi, par mécanisme de défense, en retrait du collectif et éprouve de la colère envers son directeur mais également envers les autres membres du comité de direction. Néanmoins, elle se sent piégée par cette colère qu'elle n'a pas la possibilité d'exprimer. Il n'empêche que son incapacité à agir est guidée par ses valeurs (loyauté, engagement) et ses peurs (peur de perdre son poste). Parallèlement, la cause de son malaise est également liée à ses valeurs (respect, loyauté).

Quelques repères psychologiques sur le conflit éthique

Les symptômes et les signaux d'alerte

Dans la situation d'Élodie, nous observons des symptômes physiques (maux de tête, sentiment d'oppression) qui constituent le premier signal d'alerte. Néanmoins, elle les minimise.

Apparaissent dans un second temps des signaux d'alerte psychologique : baisse de l'estime de soi et de sa confiance, ruminations, cynisme, dépersonnalisation ; puis des signaux d'alerte comportementaux, comme la mise en retrait du collectif de travail. Une phase de décompensation s'observe avec l'installation de pensées suicidaires.

Il faut comprendre qu'à ce moment-là, cette situation pour Élodie est grave et qu'elle réagit à la hauteur du traumatisme vécu. Elle vit dans son corps et dans sa tête une tempête émotionnelle dont elle est submergée et qui la prive de sa capacité à penser et à prendre du recul. L'épuisement professionnel se traduit par une fatigue profonde, un désinvestissement de l'activité professionnelle, ainsi qu'un sentiment d'échec.

Malgré les mécanismes de minimisation et de refoulement, elle ne peut accueillir ses émotions. Pour autant, il est important de noter que le délai de prise de conscience agit comme le montant des taux d'intérêt : plus le déni est long et plus le coût psychologique sera important.

Les effets du stress sur le cerveau

Nous connaissons les effets du stress chronique sur notre corps, notamment au niveau de l'activation des glandes surrénales qui libèrent du cortisol en continu et entraînent une usure physiologique. Il est intéressant de prendre connaissance des travaux en neuropsychologie et de comprendre les impacts du burn out sur notre cerveau. L'étude passionnante publiée en 2022 par Amy Arnsten[6], neurologue américaine, met en avant le fait que le burn out entraîne un amincissement de la matière grise du cortex préfrontal, laquelle permet habituellement de prendre des décisions complexes de manière synthétique et réfléchie. Or, cette diminution altère la mémoire et l'attention, rend plus difficile l'apprentissage de nouvelles tâches mais également augmente le risque d'erreur. Parallèlement, ces travaux ont permis de mettre en évidence une augmentation de la taille de l'amygdale qui est le corps même des émotions et qui joue un rôle dans la réponse « combat/fuite », renforçant les réponses émotionnelles telles que la peur.

Ces travaux montrent également que les séquelles peuvent être réversibles à condition d'entamer un travail sur les causes ayant conduit au burn out, et d'être outillé pour se protéger.

Accompagner le rétablissement

La première étape du rétablissement passe par l'acceptation de la maladie. Être victime d'épuisement professionnel peut être difficile pour certains patients. Cette pathologie touche à la santé mentale et les stéréotypes anciens perdurent, notamment celui de devenir fou.

Le premier point consiste à faire comprendre au patient qu'il va falloir être patient (justement !), qu'il devra accepter l'alliance thérapeutique et que le chemin ne sera pas linéaire. L'espace thérapeutique est un espace où il peut être en confiance, sans jugement ; il peut être dépositaire de ses pensées et de ses émotions pour être partie prenante du chemin qu'il a à parcourir.

Être patient également, parce qu'il s'agit d'une période où leurs ressources ont été consumées et que le temps peut être nécessaire pour de nouveau établir un équilibre entre les ressources et les contraintes de l'environnement. En cela, prendre la symbolique d'une blessure physique peut être facilitant pour comprendre les différents temps nécessaires au repos, puis à la rééducation, à l'instauration de nouvelles règles de vie permettant d'éviter une nouvelle blessure. Malgré tout cela, la crainte de se blesser encore restera présente. Même si de nombreux patients expriment préférer une blessure physique, pour laquelle le regard des autres est moins difficile à vivre, le potentiel traumatisme va suivre également le même processus thérapeutique.

L'accompagnement du patient face au regard des autres peut également s'avérer important à deux moments. Au moment du point de rupture qui souvent passe par l'arrêt de travail, et au moment de la reprise. Le regard de la part des proches peut être difficile à vivre, pour certains cela constitue un aveu de faiblesse auquel se greffe le sentiment de culpabilité de ne pas se sentir capable de dépasser la situation. Il y a également cette blessure invisible qui prendra du temps à penser et à panser, qui n'est pas toujours comprise, parce qu'après tout, pour certains, ce n'est qu'un travail.

Il est important d'accompagner la personne à surmonter la culpabilité, pour lui permettre de reprendre prise avec la réalité et de comprendre en quoi il est possible d'agir, et donc de reprendre du pouvoir sur la situation.

Comment prévenir le conflit éthique ?

Au niveau individuel

Prévenir un conflit éthique au travail implique dans un premier temps, de prendre conscience de ses propres valeurs, de ses croyances, de ses modes de fonctionnement au regard de la réalité qui nous entoure. Le second travail consiste à questionner ce système de pensée, de se distancier de la situation afin d'analyser en quoi cette dernière constitue pour soi un conflit éthique. Prévenir un conflit éthique, c'est également accepter que l'autre ne possède pas la même éducation, la même histoire, les mêmes traits de personnalité et donc la même perception de la situation. Il est important de clarifier dans le conflit éthique, ce qui relève d'une demande qui semble contraire à ses valeurs, d'une demande immorale voire d'une demande illégale.

Il est important également de prendre conscience que l'on reste acteur de sa situation, de s'autoriser à exprimer son désaccord et de développer son assertivité. Malgré cela, il est possible de ne pas pouvoir toujours influencer le comportement de l'autre. En revanche on peut, à son niveau, avoir un impact sur ses propres attentes et sur le fait de défendre les valeurs qui sont importantes.

Au niveau collectif

Prévenir les conflits éthiques au niveau du collectif implique de faire preuve d'empathie et d'ouverture d'esprit quant au fait que ses valeurs ne sont pas universelles et partagées par tous. Le dialogue, bienveillant et empathique, permet alors de prendre conscience des modes de fonctionnement singuliers de chacun et d'engager tout salarié à questionner son rapport au travail et à l'autre, ainsi que son système de pensée.

Dans la relation à autrui, des outils d'évaluation tels que le MBTI (Myers Briggs Type Indicator, outil d'évaluation psychologique) permettent de travailler à la fois sur les modes de fonctionnement individuels mais aussi sur les modes de fonctionnement collectifs et de comprendre quelles sont les valeurs importantes pour chacun. À travers ce travail, l'équipe pourra alors mettre en commun les valeurs partagées.

Au niveau de l'entreprise

Un certain nombre d'entreprises travaillent sur les valeurs qu'elles souhaitent insuffler, lesquelles sont affichées, valorisées, défendues. Cette action ne s'inscrit pas seulement au niveau de l'image qu'elles souhaitent renvoyer mais sert de cadre de travail sécurisant pour tout un chacun.

De grandes entreprises ont également créé des postes de déontologue dont le rôle est d'instaurer une veille pour traiter des problématiques éthiques rencontrées en entreprise.

Enfin, il peut être pertinent de former les managers sur le développement de l'intelligence émotionnelle afin d'être en capacité de prévenir des conflits éthiques et le cas échéant, de choisir l'attitude la plus adaptée (écoute, empathie, reconnaissance, possibilité de redonner du sens).

En bref, 3 do, 3 don't

Do

1. Au niveau individuel, face à un conflit éthique, il convient de **questionner son système de pensée**. Pour cela, il peut être nécessaire de sortir de ses relations sociales habituelles pour rencontrer d'autres personnes, dans d'autres contextes, ce qui permettra d'appréhender la situation en la confrontant à d'autres manières de voir et de penser.
2. **Prendre conscience de ses valeurs et de ses croyances limitantes** en matière d'éthique ainsi que de ses **capacités d'action**.
3. **Prendre du recul et se protéger** des situations en contradiction avec ses valeurs.

Don't

1. **Éviter de personnaliser**, c'est-à-dire de se sentir le seul responsable de la situation, sans percevoir que l'on peut reprendre le contrôle de la situation. Il conviendra ainsi de dépasser un éventuel sentiment de honte ou de culpabilité.
2. **Refouler ses émotions**. Comme nous avons eu l'occasion de l'aborder à travers la situation d'Élodie, il s'agit d'un mécanisme qui présente ses limites, comme notamment le risque que les émotions soient démultipliées.
3. **Penser que c'est un passage dont on se sortira seul**. Comme nous l'avons vu également, il s'agit d'un cheminement impliquant de questionner ses croyances et d'être outillé afin de se protéger de manière durable.

Le processus d'accompagnement en plusieurs étapes

ÉTAPE 1 – Le temps du repos

C'est un temps indispensable, dont la durée est aléatoire d'une personne à une autre, et qui dépend de ses atteintes physiologiques et psychologiques, de ses capacités de résilience, et des mesures de soutien et de protection dont elle bénéficie.

Il s'agit donc en premier lieu de restaurer les besoins physiologiques : manger et dormir. Le lien avec le médecin traitant ou le médecin psychiatre est incontournable afin d'écarter une pathologie organique. Parfois aussi, la prescription médicamenteuse est indispensable pour répondre aux besoins primaires, au niveau de l'amygdale d'une part, et du cortex préfrontal d'autre part. Certains patients font part d'idées noires : il convient donc d'évaluer ici le risque suicidaire afin de mettre la personne en sécurité. Pour cela, nous nous appuyons sur la méthode SIIMPLE (niveau de souffrance, degré d'intentionnalité, éléments d'impulsivité, éventuel précipitant, moyens létaux, soutien de l'entourage).

Ce n'est qu'une fois le temps du repos respecté que nous pouvons aborder la seconde étape.

ÉTAPE 2 – Le temps pour comprendre

La seconde étape consiste à accompagner le patient dans la compréhension des causes endogènes et exogènes pathogènes et à prendre conscience de ses limites, de ses besoins et des impacts sur sa santé.

ÉTAPE 3 – Le temps pour reconstruire la vision du monde qui nous entoure

Il s'agira de questionner la place et le rapport que la personne entretient avec le travail. Il s'agira également de mesurer le niveau de dépendance, dépendance qui est possiblement le lieu d'autres problématiques qu'il faudra d'approfondir. Il conviendra aussi de remettre en question ses croyances et ce que signifie pour soi, la réussite sociale et professionnelle. On les confrontera ensuite à d'autres systèmes de pensée.

Durant cette phase, nous nous penchons sur plusieurs questions :

- quelles sont les actions, indépendamment de l'entreprise, qui me procurent un sentiment d'utilité et de satisfaction ?
- est-ce que je crois en l'entreprise qui m'emploie ?
- quelles seraient les conditions pour revenir à mon poste dans des conditions favorables ?
- en quoi dois-je changer mon rapport au travail ?
- quelles sont les conditions de travail qui doivent changer ? Quelles sont celles sur lesquelles je peux avoir une influence et celles pour lesquelles j'aurais besoin d'autrui ?

À l'issue de cette phase, certaines personnes ne choisiront ou ne pourront envisager une reprise dans la même entreprise et/ou sur le même poste.

Il arrive parfois que notre boussole nous joue des tours, que le burn out impose de repenser notre projet de vie et notre projet professionnel. La perte de sens et d'intérêt vient bouleverser nos certitudes et générer une sorte de réaction allergique, une aversion, un dégoût de notre travail, un dégoût de soi qui balaie tout sur son passage (confiance en soi, estime de soi, sentiment de sécurité, etc.), tel un tsunami.

Il y a des personnes pour lesquelles le traumatisme est tel qu'une cassure s'est opérée entre le moi d'avant et le moi d'après. Il convient alors de considérer cette situation non pas comme une situation d'échec mais comme une opportunité de repenser son projet de vie.

Tout un chacun, à un moment donné de son parcours, peut être victime d'épuisement professionnel. Aucune profession n'est à l'abri. Parfois, ils sont cadres, médecins, avocats, chercheurs. Ils disposent d'un titre, d'un statut qui pourrait signifier leur réussite professionnelle. Ils sont informaticiens, infirmières, comptables, ils sont en formation ou en poste. Puis, un jour, un point de rupture se produit, parfois comme dans la douleur, parfois comme un salut. Si le burn out désigne le fait de se consumer de l'intérieur, comme une technique d'écobuage, certains choisissent de transformer, de sublimer cette expérience douloureuse en un terrain fertile pour se reconnecter à soi, ses besoins, ses aspirations. Ils décident un jour de se laisser porter par leurs rêves, leurs ambitions, font le choix de surmonter leur peur ou, en qualité d'entrepreneur, de vivre avec. Ils dépassent les « qu'en-dira-t-on », le fait d'être possiblement incompris, jugé, dissuadé, d'entendre les angoisses d'autrui, les idées toutes faites, parfois des mots blessants. Ils transforment l'impossible, l'improbable, l'irraisonnable en un plan en plusieurs étapes. Ils décident de faire confiance en l'avenir, de se lancer, d'entreprendre un nouveau projet. Ils saisissent, comme le dirait Jacques Salomé, « *le courage d'être soi* ». Ils s'autorisent à rêver un ailleurs, plus loin pour certains, plus grand pour d'autres, plus sauvage ou bien différent. Ils se donnent le droit d'essayer, d'avancer en acceptant les règles du jeu, en dépit parfois du confort ou de la stabilité de leur situation, des difficultés rencontrées, de l'incertitude mais soutenus par l'ivresse du sentiment de liberté.

Toutefois, repenser son projet de vie et son projet professionnel, implique de faire face à l'immensité du monde, au champ des possibles. Car se trouver au pied de la montagne et s'apprêter à la franchir, requiert tout de même le bon équipement.

Avoir le bon équipement, c'est s'autoriser à être accompagné dans la réalisation de la carte du chemin parcouru et à parcourir. Le bilan de carrière trouve ici tout son sens. C'est se fixer le point d'arrivée d'une expérience révolue puis le point de départ d'une nouvelle aventure dont on prendra soin d'étudier au préalable l'itinéraire : identifier les zones de risques et les actions à anticiper pour s'en prémunir ; identifier ses ressources (matérielles, psychologiques, financières) et être accompagné afin de dépasser les freins réels ou ceux que l'on s'impose à soi-même ; identifier les partenaires qui permettront de traverser le brouillard et la météo capricieuse, de proposer des itinéraires bis pour concrétiser son projet.

Le projet doit être réaliste et réalisable pour que la personne puisse reprendre le contrôle de ses choix.

ÉTAPE 4 – Reprendre la capacité à agir et à réagir

Qu'il s'agisse de débuter un nouveau projet professionnel ou de revenir à son poste, il faut être conscient d'être le capitaine de son âme : d'être convaincu d'avoir en soi les clés pour dépasser l'épuisement professionnel en fixant de nouvelles limites à son investissement ; d'avoir en soi les clés pour veiller à l'équilibre des sphères de vie, tout en prenant en compte sa capacité à agir, à réagir et à identifier les possibilités de revenir ou de ne pas revenir. Devenir adulte, c'est prendre conscience que c'est à soi de prendre soin de soi.

Pour autant, la personne n'est pas seule dans le cadre d'un retour, le service de santé au travail et le service des ressources humaines sont des acteurs-clés, notamment concernant les facteurs exogènes. Dans l'éventualité d'un non-retour dans l'entreprise, ces derniers sont également des acteurs incontournables dans le cadre d'un licenciement pour inaptitude, ou d'une rupture conventionnelle. En amont, il convient de sécuriser le projet par un bilan de compétences en parallèle de l'accompagnement psychologique.

Dans le cas d'un changement de poste, il convient de continuer à accompagner le patient dans la mesure où en changeant de contexte de travail, elle avait encore à cœur de poursuivre ses engagements concernant son rapport à l'investissement dans le travail, la préservation de ses ressources et l'équilibre de ses sphères de vie.

ÉTAPE 5 – Le temps de l'expérimentation de ce nouveau rapport au travail

L'accompagnement s'arrête à l'issue de la phase d'expérimentation, après la reprise ou la concrétisation d'un nouveau projet. Il convient de s'assurer que la personne respecte les limites fixées mais également qu'elle soit suffisamment outillée pour faire face aux éléments déstabilisants ou perturbateurs.

Et c'est lorsque nous nous retournons sur le chemin parcouru, que nous prenons conscience que l'épuisement professionnel est avant tout l'opportunité que nous donnent notre corps et notre cerveau, de se réaligner avec la personne que nous souhaitons être.

Chapitre 4

La charge de travail

Histoire vraie

Situation professionnelle

« Il est 7 heures du matin sur le quai de la gare RER, plusieurs trains passent les uns après les autres et Laure n'arrive pas à monter dans l'un d'entre eux. Ce jour-là, ni les suivants, elle n'ira pas travailler.

Laure a 38 ans, est mère célibataire, vit avec ses deux filles de 9 et 11 ans. Elle travaille dans un grand groupe pharmaceutique en tant qu'attachée de recherche clinique. Après avoir conservé le même poste pendant une dizaine d'années pour s'occuper pleinement de ses filles, elle décide de postuler à la fonction de cheffe de projet dans le cadre de la création d'une nouvelle unité. Elle obtient ce poste très convoité en interne avec beaucoup de satisfaction et de fierté. Les enjeux sont importants puisque cette unité est une unité pilote, très observée par la maison mère, dont l'organisation a vocation d'être déployée auprès des autres agences nationales.

Laure est très enthousiaste à l'idée d'occuper cette nouvelle fonction et de répondre à ce challenge qui lui permet, de plus, une plus grande sédentarité et donc un meilleur équilibre de vie, comparativement au poste précédent.

Très rapidement, la charge de travail augmente et s'intensifie. En plus de devoir s'approprier un nouveau métier sans formation, elle doit maîtriser de nouvelles compétences, qui sans elles, peuvent mener à des risques importants et dommageables pour l'entreprise. Très vite, Laure se sent submergée. Elle doit assurer la centralisation, la passation et le suivi d'une centaine de projets à elle toute seule en quatre mois alors qu'il en faudrait normalement entre six et douze. Les délais et les objectifs sont trop courts, non réalisables dans les délais impartis. L'entité étant récente, les effectifs sont réduits. Elle est composée de Laure et de son manager, fraîchement nommé à cette fonction. Par conséquent, il ne lui apporte pas le soutien nécessaire ni les réponses à ses premières difficultés.

Le processus de récupération des dossiers est long et fastidieux. Certains collègues, envieux du poste de Laure, ne sont pas enclins à lui faciliter la tâche et lui apporter de l'aide. Elle doit maquiller les objectifs pour répondre aux exigences du management et de la direction, pour garder le bon classement de l'agence.

Ses journées sont complètement décousues et improductives à ses yeux. Elle a le sentiment de naviguer à vue. Elle travaille toujours dans l'urgence et elle n'a pas le temps pour le travail de fond. Elle ne maîtrise plus ses tâches, elle passe du coq à l'âne toute la journée et est souvent interrompue par de multiples interlocuteurs. Elle doit tout gérer en même temps avec la pression des délais imposés : la passation des dossiers, l'appropriation et le suivi des dossiers en cours, la création de nouvelles procédures dans le cadre de l'unité pilote ; tout cela en plus d'assister aux nombreuses réunions. De surcroît, de multiples sollicitations et demandes se succèdent au quotidien et Laure ne dit jamais non. Elle dépense beaucoup d'énergie pour répondre aux exigences des autres et se sent investie d'une mission et de responsabilités importantes qui ne lui incombent pas toujours.

Malgré les difficultés, elle reste motivée et se dit que cette situation est provisoire et que cela va passer. Elle met tout en œuvre pour y arriver.

Le quotidien devient lourd à porter pour Laure, qui se retrouve jour après jour davantage dans l'embarras. Elle ne maîtrise pas l'ensemble de ses dossiers et n'a pas les réponses à apporter à ses partenaires lorsqu'ils la sollicitent ; elle doit s'en excuser auprès d'eux. Elle perd petit à petit confiance en elle et se met à douter de ses capacités. Elle a l'impression que rien n'avance et ressent le besoin de mieux maîtriser son métier. Elle s'investit donc encore davantage pour réussir à réaliser ce qu'on lui demande et travaille de plus en plus en dehors de ses horaires habituels.

Néanmoins, elle ose tirer la sonnette d'alarme auprès de son N +1 et son N +2 et leur indique que les objectifs sont inatteignables. La réponse ne lui apporte aucune solution, elle doit « faire avec et c'est comme ça ». Désarmée, elle commence à consigner des éléments pour laisser des traces : par mail, dans les comptes rendus d'entretien, par peur qu'on lui reproche de ne pas avoir atteint ses objectifs et d'avoir mal fait son travail. Cela lui demande du temps et de l'énergie supplémentaires. Elle adresse des mails aux RH qui lui reprochent de ne pas respecter la procédure : celle d'aborder les difficultés avec ses managers directement.

Au niveau de la sphère personnelle

Ses nuits sont impactées, et elle ressent des douleurs dorsales intenses. Son manager lui répète sans cesse qu'elle n'est pas aux attendus. Son incapacité à répondre aux attentes lui fait redoubler d'efforts pour tenter de tenir les objectifs coûte que coûte.

Les jours se suivent et se ressemblent. Le matin, elle presse ses filles et les dépose à 7 heures pour arriver au travail à 8 h 30. Elle réalise sa journée de travail sans pause et sans prendre la peine de déjeuner, et repart vers 17 h 30 pour espérer récupérer ses filles à 18 h 45 à la garderie. Le rythme à la maison est soutenu et elle presse de nouveau ses filles le soir.

Après avoir répondu à ses obligations de mère célibataire, elle reprend le travail, tous les soirs de 22 h 30 jusqu'à 1 heure ou 2 heures du matin pour compenser le fait qu'elle parte tôt du bureau et pour tenter d'atteindre les objectifs fixés.

Laure se sent submergée et continue de s'investir d'autant plus. Elle reste hyperconnectée le week-end par peur de manquer une information capitale. Elle lit et répond à ses mails régulièrement et adopte la même posture durant ses vacances.

Les raisons de la démission

Un matin, en emmenant ses enfants à l'école, elle tombe et se fracture les ligaments de l'épaule. Malgré la douleur, elle va au travail. À midi, elle va voir le médecin du travail sur site qui l'envoie directement aux urgences. Elle est arrêtée durant cinq semaines. Les deux premières semaines, Laure ne suit pas les conseils des spécialistes et continue à travailler d'arrache-pied, comportement approuvé par son manager.

Laure décide de se couper du travail au bout de la troisième semaine et commence à prendre conscience de son état de fatigue. À son retour, ses managers lui reprochent d'avoir « abusé » sur le nombre de semaines d'arrêt. Un de ses collègues n'avait eu que quatre semaines pour un problème « soi-disant » similaire et elle cinq, ce qui n'était pas acceptable.

Les difficultés de sommeil s'intensifient, elle ne dort plus, elle ne mange plus, elle perd 18 kg en six mois. Elle est exténuée physiquement et moralement. Pour tenter de récupérer et de répondre à ses objectifs, elle prend davantage d'arrêts de courte durée mais les retards que génèrent ces arrêts la mettent en difficulté. Elle s'accroche encore et encore mais elle est épuisée. Elle n'arrive plus à être aussi efficace qu'avant, ce qui augmente considérablement ses journées de travail.

Elle a souvent des sciatiques à tel point qu'elle ne peut parfois plus marcher, sa jambe gauche ne la porte plus. Elle commence à faire des ulcères à répétition. Il devient difficile pour elle d'aller travailler, de garder la motivation, mais elle y va, coûte que coûte, il faut qu'elle y arrive, elle ne peut pas échouer, pas elle. Certains collègues, inquiets, lui disent de changer de poste, mais elle ne les écoute pas. Elle n'écoute ni ses proches, ni les signaux de son corps.

Nous sommes le 7 juillet, Laure est en pleurs sur le quai de la gare. Elle n'arrive pas à monter dans le RER qui l'amène au travail et n'y retournera plus jamais. ”

Décrypter la situation

La situation de Laure met en évidence le cheminement et les différents mécanismes l'ayant conduit à l'épuisement professionnel. Laure était pleine d'énergie, enthousiaste lors de sa prise de fonction, laquelle s'est très rapidement transformée en un fardeau lourd à porter pour ses épaules.

Un manque de soutien et l'apparition d'un conflit de valeurs

Très vite, la charge de travail s'est accentuée, sans ressources supplémentaires, et sans soutien de la part de son management, de sa direction ou encore des RH. Elle se retrouve isolée face à ses difficultés et n'a pas le sentiment d'être entendue et encore moins comprise. Les choses lui sont imposées sans concertation, et elle doit se plier aux règles du jeu car son engagement est sans limite et ses valeurs très fortes. D'ailleurs, on voit très clairement qu'elle se retrouve dans un conflit de valeurs notamment lorsqu'on lui demande de maquiller les chiffres pour donner l'illusion que tout est sous contrôle, mais également lorsque la qualité de son travail est entachée en raison des contraintes temporelles.

Une charge de travail qui conduit à l'épuisement

Ce rythme effréné, ses grosses responsabilités au travail ainsi que sa situation de mère célibataire mettent Laure dans une situation de surchauffe sans aucun espace de récupération. Elle travaille tous les soirs, le week-end et durant ses vacances. Elle est hyperconnectée en permanence, à l'affût du moindre mail, de la moindre demande. Elle ne décroche plus du travail et son équilibre de vie en pâtit. Son temps de trajet quotidien d'environ trois heures n'arrange pas son état de fatigue et lui laisse un goût amer de perte de temps.

Son goût du perfectionnisme qui se traduit par le besoin de faire son travail dans les règles de l'art, a accentué sa mobilisation et son implication, augmentant significativement ses heures de travail et réduisant son temps de sommeil. Sommeil déjà perturbé par la charge mentale générée par sa situation. Plus les problématiques de sommeil s'accentuent, plus les heures de travail s'accumulent et plus Laure s'épuise et rentre dans un cercle vicieux l'amenant progressivement vers l'épuisement professionnel. Plus ses ressources s'amenuisent, plus elle tente de compenser en s'investissant davantage et en y accordant du temps et de l'énergie qu'elle a, par ailleurs, de moins en moins. Plus sa performance et son sentiment d'efficacité baissent, plus son estime d'elle-même décroît, ce qui l'incite à s'investir encore plus, faisant fi de ces alertes. Elle redouble d'efforts pour compenser ce qu'on lui fait percevoir quotidiennement comme un manque d'efficacité, qui en réalité, n'en est pas un.

Un sentiment d'inefficacité

Son sentiment d'efficacité a très vite été mis à mal, notamment lors des échanges avec ses partenaires, alors qu'elle n'avait pas encore les connaissances pour répondre à leurs interrogations. Ce sentiment a été renforcé par les feedback négatifs de son manager. Cela était inadmissible, intolérable pour elle qui attache une grande importance au travail bien fait, d'autant qu'on lui avait fait confiance en lui accordant ce poste si convoité. Elle rentre progressivement dans un cercle vicieux et se met dans une situation d'échec car elle ne peut, en réalité, plus faire face à cette charge qui s'intensifie de plus en plus, sans rien ni personne pour l'aider, ou du moins rien ne permettant de maintenir une forme d'équilibre.

Elle prend des arrêts pour tenter de récupérer mais cela amplifie sa mésestime et sa charge de travail. Elle n'ose, de fait, pas réellement s'arrêter en se disant que la situation sera encore pire.

L'épuisement des ressources

Laure est dans une situation de surcharge et n'a plus les ressources disponibles pour affronter les contraintes qui perdurent dans le temps. Elle tire sur la corde, épuise ses dernières cartouches pour réussir le challenge qu'on lui a confié, jusqu'au jour où la corde lâche pour de vrai.

Dans un déni certain, Laure n'a pas été à l'écoute des premiers signaux d'alerte de son corps, que ce soit les douleurs physiques ou les problèmes de sommeil. Elle a glissé tranquillement mais sûrement dans un cercle vicieux duquel elle a eu du mal à s'extraire.

Aujourd'hui, Laure est toujours en arrêt, inapte sur son poste. Elle est suivie en consultation avec un psychologue pour tenter de se reconstruire après ce qu'elle qualifie d'échec. Cela traduit l'importance de prendre soin de soi et d'être vigilant lors de l'apparition des premiers signaux.

Quelques repères psychologiques sur la charge de travail

Face aux évolutions rapides de nos sociétés, face à la demande constante d'innovation, à la pression économique sous-jacente, nos organisations françaises sont aujourd'hui en perpétuelle évolution. Par conséquent, le sujet de la charge de travail, qui s'intensifie depuis une trentaine d'années, devient un vrai sujet d'échange ou de discorde au sein des organisations.

La quantité et la qualité du travail

Les exigences augmentent constamment et pèsent de plus en plus sur les salariés. Lorsque l'on parle de charge de travail, bien souvent de manière spontanée et autonomique on entend surcharge de travail, c'est-à-dire une quantité de travail importante à réaliser dans des délais impartis contraints et perçus comme insuffisants, ce qui met une personne dans une situation de difficulté.

Néanmoins, il est nécessaire de rappeler qu'une charge de travail conséquente n'est pas toujours perçue comme une problématique et que sa conceptualisation est plus complexe que cela ne peut paraître. En effet, lorsque la charge de travail est perçue comme étant problématique, dans la plupart des situations, il s'agit en réalité d'un effet cumulatif entre la quantité de travail à réaliser d'une part et la complexité des tâches à effectuer d'autre part, c'est-à-dire toute la part qualitative du travail et non uniquement la part quantitative.

De plus, on sait qu'une personne ayant une forte charge de travail, qui ne bénéficie ni de soutien, ni de latitude décisionnelle ou encore ni de reconnaissance, aura une plus forte probabilité à se retrouver dans une situation de souffrance au travail. À cela, peut se rajouter le phénomène de « qualité empêchée » qui entache l'estime de soi de la personne en raison d'une insatisfaction générée par la quantité à réaliser : « *Je dois faire vite au détriment de la qualité, seuls les chiffres comptent* » ou « *On nous en demande toujours plus, mais on n'a pas les moyens en face pour bien faire ce qu'on nous demande, on doit faire plus avec moins* », et va mettre la personne dans une situation de conflits de valeur. L'inadéquation entre les objectifs et les ressources peut aussi conduire à ces mêmes conséquences : « *Je n'arrive pas à atteindre mes objectifs, cela signifie que je ne suis pas à la hauteur et que je ne mérite pas mon poste* ».

Petit aparté toutefois, il ne faut pas oublier qu'il existe des situations de sous-charge qui n'en sont pas moins problématiques avec des phénomènes de placardisation.

Qualifier la charge de travail

L'évaluation de la charge de travail et de sa complexité demeure parfois particulièrement difficile en raison des divergences de perception. De fait, quelques éclaircissements et distinctions s'imposent. En effet, il existe plusieurs manières de qualifier la charge de travail et toutes sont importantes à prendre en considération pour bénéficier de l'évaluation la plus fidèle et objective possible.

- Premièrement, on entend souvent parler de la **charge de travail dite « prescrite »** faisant référence notamment aux objectifs et aux attentes définis par notre manager, notre organisation, généralement mesurables et évalués.
- Ensuite, nous avons la **charge de travail dite « réelle »**, effective, qui intègre finalement la totalité des tâches que peut réaliser une personne dans sa journée de travail et qui intègre peut-être des tâches définies par les objectifs mais également des tâches périphériques, voire du travail « masqué », c'est-à-dire des tâches pas nécessairement connues, anticipées ou même remarquées et mesurables. Parfois il s'agit de tâches conséquentes et parfois il s'agit d'une multitude de micro-tâches, presque anecdotiques, mais qui mises bout à bout peuvent avoir une ampleur considérable et impacter, à juste titre, la charge de travail prescrite.
- Enfin, on peut également parler de la **charge de travail « perçue »**, subjective cette fois-ci, dont l'évaluation peut varier d'un individu à un autre, à charge de travail égale.

La charge mentale

Par ailleurs, il est important de spécifier que la charge de travail n'est pas uniquement physique au sens strict du terme mais qu'elle est également mentale. Elle est très médiatisée aujourd'hui notamment autour du sujet de la charge mentale des femmes qui doivent mener de front leur vie de femme, de maman, de professionnelle… Néanmoins, ce concept touche tout le monde et se perçoit beaucoup dans le quotidien de travail à travers notamment les interruptions fréquentes, la multiplicité des projets et des informations à traiter. Nombre sont ceux qui éprouvent le sentiment de « passer du coq-à-l'âne » dans leur métier.

Bien que le ressenti face à une charge de travail peut différer entre les individus, et selon le contexte dans lequel nous travaillons, il n'empêche qu'évaluer avec le plus d'objectivité et de finesse possibles le niveau de charge s'avère souvent aussi important que nécessaire tant pour les personnes que pour l'organisation. Néanmoins, une évaluation de la charge de travail seule ne suffit pas, il est indispensable d'organiser des temps d'échange et surtout de dialogue pour ajuster, accompagner, soutenir l'ensemble des salariés.

Trois modèles pour apprécier la charge de travail

Plusieurs modèles reconnus existent pour apprécier la charge de travail dans son entière subtilité et complexité :

- le modèle de Karasek de 1979 nous apprend que si une personne demeure dans une situation où la « demande psychologique » est élevée couplée avec une faible « latitude décisionnelle », cela la conduira nécessairement à une situation de tension présentant un risque pour la santé appelée *job strain*. Dans ce modèle, on entend par « demande psychologique », les exigences du travail, la charge de travail psychologique qui intègre à la fois les notions d'intensité et de complexité. La « latitude décisionnelle » intègre quant à elle les notions d'autonomie que ce soit l'autonomie pour mener à bien son travail et/ou pour appréhender les prises de décisions relatives à son travail, et l'utilisation et le développement des compétences d'autre part ;
- ce modèle a été complété par la suite par le modèle Karasek et Theorell en 1990 qui ont rajouté la notion de soutien social qui, lorsqu'il est absent, exacerbe les risques pour la santé. Néanmoins, lorsqu'il est présent, il constitue un excellent modérateur de santé au travail, bien qu'insuffisant sur le long terme ;
- enfin, le modèle de Siegrist, quant à lui, complémentaire au modèle de Karasek, et qui met en évidence des difficultés importantes lorsqu'il y a un déséquilibre entre les

efforts et les récompenses, sous-entendu, la notion de reconnaissance au regard de l'investissement fourni. Dans ce modèle, trois dimensions sont ainsi évaluées : les efforts extrinsèques, c'est-à-dire l'ensemble des contraintes imposées par l'organisation ; les efforts intrinsèques, relatifs à des attitudes permettant de mesurer le degré d'investissement ; et les récompenses qui peuvent être notamment salariales, en termes de perspectives d'évolution ou encore tout simplement en termes d'estime.

Comment prévenir la surcharge de travail ?

Au niveau individuel

> *Préserver sa charge mentale en limitant l'hyperconnexion*

La société actuelle et ses facilités de communication ont impacté considérablement nos équilibres des vies. Nous sommes constamment stimulés, interrompus par des notifications. Cela a participé à l'accélération et l'intensification du travail. Quand avant, la correspondance se réalisait par courrier, nous étions contraints d'attendre et de prendre plus de temps. Aujourd'hui, les mails, SMS ou autre messagerie instantanée nous incitent à être dans une logique de tout, tout de suite. Nous nous sentons obligés ou on nous impose de répondre dans la seconde car nous devons être disponibles : « *Si je ne consulte pas mes mails pendant mes congés, je peux passer à côté d'une information capitale* », ou « *Si je ne réponds pas tout de suite, on va penser que je ne travaille pas ou que je ne suis pas suffisamment réactif et on pourra me le reprocher. Cela pourra entacher mon avenir professionnel* », ou « *Je reste connecté en dehors de mes horaires ou pendant mes congés pour gagner du temps* ».

Si cela est vrai dans nos journées de travail, cela s'étend également en dehors de nos horaires professionnels. Ce phénomène s'est intensifié d'autant plus avec l'augmentation du télétravail pendant la crise pandémique que nous venons de traverser. Agir sur les outils semble être une bonne option pour limiter la surexposition aux interruptions et au travail haché. Désactiver ses notifications, mettre son smartphone en mode avion, ne pas ouvrir sa messagerie instantanée sur son ordinateur sur certaines plages horaires sont des astuces faciles à mettre en œuvre mais qui peuvent avoir des effets bénéfiques sur le long terme.

> *Fixer les règles du jeu en posant ses limites pour mieux gérer sa charge de travail*

Nous avons, pour la plupart d'entre nous, une connaissance fine de nos capacités de travail mais elles sont souvent mises à rude épreuve car nous avons tendance à les surpasser plus qu'il ne faudrait pour répondre aux exigences imposées. Le souci de bien faire, l'engagement fort pour son travail, ou toute autre motivation personnelle d'ailleurs, nous poussent également bien souvent à nous « malmener ».

Bien sûr, si cela reste ponctuel, nous serons capables de tenir le cap, mais si cela perdure dans le temps, sans la moindre visibilité, le risque d'épuisement nous guette. Il est donc important de se faire clarifier les demandes au maximum et de questionner les délais associés pour avoir une connaissance précise de ce qu'on attend de nous. Cela nous permet de jauger et d'évaluer de manière objective notre charge de travail et de pouvoir s'organiser en conséquence. Avoir de la visibilité sur son rôle et son périmètre, là où ils commencent, là où ils se terminent n'est pas non plus un luxe ou une demande insensée, c'est plutôt le minimum vital à savoir pour mener à bien ses tâches et ses missions. Une bonne façon de ne pas se laisser déborder ou submerger par la charge de travail est de se dégager chaque jour ou sur la semaine, des plages de temps dédiées à la gestion des urgences et/ou au travail de fond. Force est de constater que nous avons toujours des imprévus et des aléas dans une journée de travail.

Enfin, s'autoriser à dire non, même si cela nous paraît difficile ou inacceptable, quand cela dépasse nos limites et/ou nos prérogatives ou que notre charge est déjà à son paroxysme. Il en va parfois de notre « survie ». Cela n'est pas nécessairement un non ferme et définitif, cela peut faire l'objet d'une négociation ou d'une re-priorisation des tâches par exemple : « *J'accepte de prendre ce nouveau dossier urgent mais je te propose de te rendre le dossier X plus tard dans ce cas* ».

> *Prendre des moments de pause et de récupération au quotidien*

Notre cerveau n'est pas en capacité de rester concentré une journée entière sans interruption. Qui ne s'est jamais vu devant son écran d'ordinateur pendant des heures sans réussir à aligner le moindre mot ? S'obstiner ne sert à rien dans ces moments-là, mieux vaut s'oxygéner ou faire autre chose pour se détendre : prendre l'air, se lever pour aller boire un verre d'eau, s'étirer, papoter avec un collègue, faire une micro sieste. S'octroyer des pauses toutes les 1 h 30 environ peut nous aider à recharger nos batteries et retrouver nos pleines capacités. S'autoriser une vraie pause déjeuner (45 minutes minimum), si possible à l'extérieur du lieu de travail permet également d'avoir un temps pour soi, nécessaire à notre bon fonctionnement.

Au-delà de ces temps quotidiens, nous savons que de s'allouer de longs week-ends régulièrement (quatre jours environ toutes les six semaines) est une excellente pratique préventive. En effet, des études indiquent que cela réduirait considérablement les risques de burn out.

> *S'écouter et prendre soin de soi*

Il ne s'agit pas de faire preuve d'hypocondrie et d'être à l'affût du moindre détail nous concernant, mais écouter son corps et reconnaître les signes qui nous indiquent lorsque nous commençons à fatiguer est un véritable atout. Tous ces petits maux ne sont pas anodins et les nier ne résoudra en rien vos soucis : ni votre état de fatigue et de santé, ni votre charge de travail. Lorsque les premiers signaux apparaissent, prenez quelques jours de repos, congés, voire d'arrêt, si cela vous semble nécessaire. Mieux vaut s'arrêter quelques jours tout de suite, que plusieurs mois plus tard.

De même, adopter et maintenir une hygiène de vie saine contribue également à prévenir le risque de burn out : du temps de sommeil de qualité en se couchant à heure fixe par exemple, afin de respecter notre horloge biologique, une alimentation variée et équilibrée à tous les repas pour refaire le plein d'énergie, la pratique d'une activité sportive régulière... sont autant de ressources susceptibles de vous aider à faire face à des périodes de surcharge.

> *Intégrer que la perfection n'existe pas*

La recherche de la perfection est une quête sans fin : « *Je dois être parfait pour qu'on n'ait rien à me reprocher* », « *Ma présentation doit être parfaite* », « *J'enverrai ce dossier quand il sera parfait* », « *Ce mail doit être parfait avec la parfaite formulation de phrase et la parfaite formule de politesse...* ». Mais où s'arrête la perfection et d'ailleurs qu'est-ce que cette perfection ? Si nous demandons à nos collègues ce qu'est un dossier parfait ou une personne parfaite, probablement que chacun aura ses propres critères et définitions, ce qui en fait un concept bien subjectif. Mais restons lucides quelques secondes : ce trait, bien qu'au service de l'organisation, peut être perçu autant positivement que négativement. Notre entreprise appréciera notre perfectionnisme si nous lui permettons de décrocher de nouveaux business et que nous répondons aux enjeux de productivité.

Néanmoins, si nous passons plus de temps que nécessaire sur nos tâches et que cela se répercute sur nos indicateurs-clés de performance, cela risque d'être lourd de conséquences. Il est important de jauger et de modérer ses efforts, sans compromettre la qualité de son travail bien sûr, mais la sur-qualité aura bien souvent un effet délétère sur votre santé car, la plupart du temps, vous n'en tirerez, malheureusement, aucune reconnaissance. Faire bien son travail, oui, le faire « trop bien, à la perfection » non, du moins, pas au péril de sa santé. Quand on regarde bien les choses, bien souvent, on ne nous en demande pas autant et nous dépensons énormément de temps et d'énergie pour satisfaire nos propres besoins, qui ne sont, pas toujours, ceux de notre organisation.

D'ailleurs, on entend souvent des phrases du type « *On nous en demande toujours plus et on bâcle la qualité, seule la quantité compte aujourd'hui* », ce qui peut nous mettre dans des réelles difficultés en termes de conflits de valeur. Néanmoins face à ce constat, quelles sont mes options ?

1. Je prends plus de temps qu'il n'en faut pour accomplir ma mission car je ne peux pas faire autrement, la qualité du travail c'est trop important, temps qui ne sera pas reconnu ni valorisé mais qui pourra avoir des conséquences dommageables sur mon équilibre de vie.
2. Je décide de « choisir mes combats » en accordant moins d'importance aux détails par exemple, et en me concentrant sur l'essentiel.
3. Je fais part de ce malaise à mon supérieur pour voir si j'ai des leviers d'action.
4. Je quitte mon entreprise car je ne suis plus en phase avec ses valeurs.

Au niveau de l'équipe

> *Favoriser le soutien et l'entraide entre pairs*

Bénéficier d'un climat de travail soutenant et empathique entre collègue permet une régulation informelle des problématiques rencontrées et de la charge de travail. Oser échanger sur nos difficultés, proposer son aide lorsque nous avons du temps disponible, ou même juste avoir une oreille attentive peut parfois permettre de mieux vivre une situation de surcharge de travail. Avoir un esprit collectif, d'entraide et de solidarité, permet de mieux se répartir les tâches et de ne pas rentrer dans le travers de l'iniquité avec des personnes plus chargées que d'autres.

> *Alerter sur les difficultés rencontrées*

Plusieurs voix individuelles ou une voix collective ont plus de poids qu'une voix isolée. Lorsque des difficultés sont identifiées que ce soit pour moi, pour Jean-Jacques ou bien pour Caroline, ma responsabilité est d'en parler, notre responsabilité collective est de le remonter au manager pour qu'il puisse agir en conséquence. Effectivement, si nous pensons qu'il est inutile de remonter les éléments car vos soucis vont s'arranger seuls ou encore, que notre manager est au courant de nos difficultés, car « *c'est lui le boss, il doit bien être au courant de tout* », nous faisons fausse route !

À preuve du contraire, votre manager n'est pas en capacité de lire dans vos pensées. Exprimer ses difficultés de manière factuelle et donner de la visibilité sur votre charge de travail l'aideront à mieux comprendre votre ressenti, à mesurer l'intensité de votre charge. Cela lui permettra de mieux la répartir sur l'ensemble des membres de son équipe et d'arbitrer les priorités.

> *Mettre en place des espaces de régulation de la charge*

Bien que de nombreuses problématiques, dont la charge de travail, peuvent parfois se réguler de manière informelle à la machine à café (ce qui est très important), il est nécessaire d'organiser des espaces plus formels et de manière ritualisée. Des points individuels peuvent être organisés avec l'ensemble des membres de l'équipe pour prévenir les risques liés à la charge de travail (sur et sous-charge).

Ces temps sont également essentiels en collectif pour avoir une vision globale et partagée de l'activité. Cela permet par ailleurs de laisser une marge d'autonomie aux membres de l'équipe et de favoriser ainsi la coopération.

Au niveau de l'entreprise

> *Mettre en place une méthodologie claire concernant l'évaluation de la charge de travail*

Mesurer la charge de travail dans son entière complexité et de manière efficace permet de rendre visibles les besoins en termes de ressources, moyens, soutien ou encore de reconnaissance. Une bonne gestion de la charge de travail est synonyme de performance individuelle, collective et par extension, économique.

> *Garantir un cadre de travail favorisant la déconnexion*

Définir un cadre clair en matière de pratique de déconnexion aide à prévenir les risques de surchauffe ou tout du moins permet de garantir des espaces de récupération, mais encore faut-il y adhérer et surtout appliquer ces pratiques. Dans de nombreuses structures, on voit naître des outils visant à réglementer les bons réflexes, qui ne sont toutefois pas toujours connus, lus ou pas suivi des faits.

Pourquoi ? Tout simplement parce qu'il y a bien souvent un manque d'exemplarité sur le sujet et que des normes informelles se créent au sein des équipes. Si mon manager direct m'envoie des mails à 22 heures le soir ou 5 heures du matin, j'intégrerai que je peux le faire voire pire encore, qu'il attend de moi un comportement similaire. Faire preuve d'exemplarité paraît indispensable pour que chacun puisse s'autoriser à se préserver mais surtout pour recadrer les comportements qui apparaissent déviants.

> *Accompagner les managers dans leur posture et les sensibiliser aux pratiques managériales favorisant la santé*

La ligne managériale a un rôle crucial à jouer en matière d'évaluation et de régulation de la charge de travail. Pour cette raison, il est indispensable de fournir un accompagnement exhaustif, au plus près de la réalité opérationnelle, ainsi que des outils concrets sur ces sujets. En effet, de par leur fonction et leurs leviers d'action, ils sont les premiers acteurs susceptibles de détecter et réguler rapidement les débordements constatés. Développer la présence de terrain et la proximité auprès des équipes est un des axes prioritaires pour anticiper et prévenir les problématiques.

En bref, 3 do, 3 don't

Do

1. **Sanctuarisez des temps de (vraie) récupération pour aider votre cerveau à s'oxygéner :** faites des petites pauses régulières toutes les 1 h 30 (attention, sans écran, car cela ne vous aidera pas à récupérer !) et octroyez-vous a minima 45 minutes de pause déjeuner. Au-delà de ces temps quotidiens, prenez un long week-end de quatre jours environ toutes les six semaines. Cela vous sera plus bénéfique qu'une seule et unique grosse coupure annuelle et en plus cela prévient les risques de burn out, que de bénéfices !
2. **Faites le deuil de la « perfection » :** difficile de se l'entendre dire, surtout lorsque l'on a une tendance perfectionniste. Néanmoins, revoir ses critères d'exigence peut vous apporter plus de sérénité dans la réalisation de votre travail. Il y a les exigences de l'organisation certes, mais il y a aussi vos propres exigences, qui sont, bien souvent, pires que les contraintes que nous impose l'extérieur. Choisissez vos « combats » pour préserver votre équilibre de vie.
3. **Écoutez-vous :** ne restez pas dans le déni à vous dire que vous pouvez gravir ces hautes montagnes car vous êtes un roc ! Être à l'écoute de vos signaux d'alerte, qu'ils soient internes ou externes, ne fera pas de vous une personne faible. Votre corps et vos proches sont vos meilleurs alliés pour vous prévenir de la surchauffe. N'ignorez pas vos sautes d'humeur, les petites blessures, les douleurs qui persistent, ou encore l'apparition des problématiques de sommeil. Tous ces signaux révèlent bien souvent que vos limites sont déjà dépassées. Comme on le dit fréquemment, quand le corps parle c'est qu'il est déjà « trop tard ». En réalité, c'est surtout quand on en prend conscience qu'il est déjà (presque) « trop tard ».

Don't

1. **Accepter toutes les demandes :** fixez vos limites et posez-les à vos interlocuteurs. Plus vous serez enclin à dire oui à tout, plus on aura tendance à vous surcharger. C'est très humain de demander toujours aux personnes efficaces et volontaires. Clarifiez les sollicitations et questionnez les délais à chaque demande complémentaire, autorisez-vous à dire non quand cela dépasse vos limites, vos prérogatives habituelles ou que vous n'avez plus de disponibilités ; négociez ou repriorisez quand de nouvelles urgences arrivent. Cela ne veut pas dire que vous êtes paresseux mais que vous savez vous préserver pour tenir dans la durée. Entre nous, vous aurez moins de risque de vous épuiser en courant un marathon plutôt qu'un sprint. Pour cela, dosez et mesurez vos efforts au long court et préservez-vous.
2. **Rester hyperconnecté :** coupez vos notifications sur votre smartphone ! Il n'y a rien de plus énergivore que d'être constamment interrompu. Vos capacités de concentration s'en trouvent impactées de manière considérable et par conséquent vos performances. Vous qui courez après le temps, c'est une excellente façon d'en perdre davantage. Il n'y a pas péril en la demeure si vous ne répondez pas dans la seconde à ce mail reçu de votre manager. À moins que vous ne sauviez des vies, cela peut attendre quelques minutes, quelques heures, voire quelques jours. Mettez votre smartphone en mode avion et coupez vos messageries lorsque vous avez besoin de vous concentrer. Autorisez-vous des plages dédiées au travail de fond sans interruption. De même, coupez tous moyens de communication en lien avec le travail le soir après 20 heures, le week-end et pendant vos vacances. Votre tête et votre corps vous en remercieront.
3. **Faire de son travail une priorité :** vous pouvez être passionné par votre travail et vous y engager très fortement mais pas au détriment de votre vie et de votre santé. Repositionnez le travail à sa juste de place : vous avez plus de 40 ans de travail devant vous, autant conserver toute votre énergie pour les beaux projets professionnels et personnels que la vie vous offrira.

Chapitre 5

Le manque de reconnaissance

L'histoire vraie

La situation professionnelle

« Les services de santé au travail, autonomes des grands groupes industriels, ont pour principale activité d'écouter activement les salariés raconter l'exercice de leur métier selon leurs perceptions, lors des visites de santé au travail, d'entretiens à la demande ou d'échanges informels. C'est ainsi qu'une relation de confiance se construit entre le salarié qui confie ses maux et le médecin du travail qui identifie des risques pour la santé, détecte des pathologies, conseille, suit et oriente, afin de prendre en charge la santé aussi bien physique, mentale que sociale. C'est de cette manière qu'un jour, Diana, assistante de direction, est venue au service de santé au travail pour parler des difficultés qu'elle rencontre avec son manager avec qui elle travaille depuis cinq ans.

Diana a 53 ans. Elle est rentrée dans ce groupe il y a trente ans, c'était sa seconde expérience professionnelle et la première dans un grand groupe international. Diana aime travailler dans cette entreprise de renom. Le cadre de travail est agréable, l'ambiance est conviviale et enjouée, elle côtoie des salariés de toutes nationalités. C'est une entreprise qui a la réputation de prendre soin des salariés et qui a dans son ADN un fort engagement social et des valeurs sociétales qui attirent les jeunes générations. Il n'est pas rare que les membres du comité exécutif, dont les bureaux se situent au sein des espaces de travail de leur équipe, viennent saluer et discuter avec les salariés dans les open spaces pour se rendre compte des difficultés du quotidien.

Diana trouve beaucoup d'avantages à travailler dans cette société et s'y sent bien. Elle dispose d'un support informatique efficace et de proximité, et d'un relais administratif RH sur place toujours très utile dans sa fonction. Elle a un salaire bien au-dessus du niveau moyen national pour sa catégorie professionnelle, elle bénéficie des œuvres sociales du comité d'entreprise intéressantes pour elle et sa famille, des services sur place (restauration, conciergerie, service de santé au travail, services généraux, etc.).

Comme tous les salariés de ce groupe, elle est très attachée à son entreprise et à ses valeurs, et fait de son mieux pour contribuer à la performance de son équipe et de son service. Son investissement est sans faille. Elle n'hésite pas à se rendre disponible, à rallonger ses horaires de travail pour les besoins de son service. Elle est mère de deux enfants : sa fille de 17 ans est au lycée en internat et ne rentre que le week-end, son fils de 13 ans est au collège mais comme elle le dit, il a de moins en moins besoin de sa maman. Son mari travaille beaucoup, il est peu présent à la maison. Ainsi lorsqu'elle rentre tard le soir après 20 heures, sa vie de famille ne semble pas être impactée.

Diana a trente ans d'expérience dans le métier d'assistante, et est aujourd'hui assistante de direction d'un directeur de département et de l'ensemble de ses collaborateurs directs soit au total l'assistante d'une dizaine de personnes. Comme toutes les assistantes de ce groupe, elle partage des valeurs communes à ce métier : l'entraide entre collègues, le fait d'être joignable et disponible à tout moment pour son patron, le fait de répondre efficacement et rapidement à ses demandes. Toutes ces aptitudes sont des gages de satisfaction et de qualité du travail. Mais en contrepartie elle souhaite travailler avec son manager dans un esprit de confiance, de collaboration et de respect mutuel.

Diana n'a pas toujours été assistante de direction. Elle a dû changer de poste il y a cinq ans suite à une réorganisation d'entreprise. Précédemment elle était assistante métier auprès d'un responsable des ressources humaines, une fonction qu'elle adorait, d'autant qu'une belle collaboration s'était installée avec son manager. Elle avait en charge des projets et des tâches administratives d'assistante RH, elle était le premier contact des nouveaux embauchés, elle récupérait les documents administratifs nécessaires à l'édition de leur contrat de travail, les accompagnait et les aidait dans leurs démarches administratives d'entrée dans l'entreprise. Elle était reconnue par ses managers et ses pairs comme une bonne assistante, efficace et loyale.

Les raisons du changement

À la suppression de son poste, c'est par dépit qu'elle accepte un poste d'assistante de direction laissé vacant par une collègue partie à la retraite. Elle est déçue de ne pas retrouver un poste d'assistanat de métier mais est contente de travailler dans un nouveau département pour continuer d'apprendre et d'enrichir son expérience au sein de la même entreprise.

Son travail consiste aujourd'hui à passer des commandes de fournitures ou de prestations dans un système d'information, à faire les notes de frais, à organiser des repas d'équipe, à gérer le budget mais surtout la plupart du temps à planifier, déplanifier, replanifier des réunions souvent complexes à organiser tant les invités sont peu disponibles et la plupart du temps basés à l'étranger. Pour mener à bien son travail, il faut avoir un réseau solidement constitué, nouer des relations de proximité avec d'autres collègues assistantes et faire preuve de persuasion auprès d'elles en promettant, en contrepartie, de rendre service en retour (c'est donnant-donnant). C'est cette énergie de travail qu'il faut dépenser pour pouvoir aboutir à son objectif : planifier une réunion à l'heure et aux dates demandées par son patron.

Dès les premiers mois dans ce nouveau poste, la relation de travail avec son manager est difficile à établir. Il n'y a pas eu de période de recouvrement avec la précédente assistante, qui n'a pas pu transmettre les gestes du métier, les modes de fonctionnement explicites et implicites et les savoir-faire ou les savoir-être. Diana, malgré ses sollicitations, a eu très peu de temps d'échange avec son nouveau manager et peu d'informations sur son fonctionnement et ses attentes. Diana a essayé de se débrouiller seule pour acquérir les gestes du métier, apprendre les pratiques et les codes du business dans lequel elle évolue. Elle n'a pas de retour précis sur son travail mais la froideur des échanges avec son manager, l'absence de remerciements, le non-retour sur la qualité de ses missions, les remarques sur ses manquements (qui n'en sont pas pour elle car on ne lui communique pas suffisamment d'informations) ne la mettent pas en confiance et commencent à la faire douter de ses compétences.

Diana s'accroche, elle déploie beaucoup d'efforts pour cerner et anticiper les besoins de son manager, faire de son mieux pour l'aider. Elle s'est adaptée à cette situation et avec le temps a développé quelques stratégies pour compenser son manque d'information. Elle utilise l'écrit, les mails ou les SMS pour préciser et reformuler les demandes et les attentes de son manager et met en place des points d'échange réguliers pour anticiper, prioriser et planifier les tâches de la semaine. Cependant, ces points sont souvent annulés par son manager au profit de coups de téléphone prioritaires.

Malgré tout, elle a réussi à organiser des réunions à la planification difficile, elle maintient le budget à l'équilibre, elle répond à toutes les demandes de l'équipe même celles qui pourraient être satisfaites sans elle. Elle est disponible pour chacun, a augmenté son temps de travail et ses amplitudes horaires, et finit le travail tous les soirs vers 20 heures.

Malgré les efforts, la relation s'est encore plus distendue. Les demandes écrites de Diana ont fini par agacer le manager qui se détourne complètement d'elle, lui demandant des tâches maintenant seulement par écrit ou par SMS, qu'il envoie sans respecter ni horaires de travail, ni week-ends, ni jours fériés et qu'il termine par les abréviations « asap tk ». Diana a demandé une mobilité pour changer de département, mais à chaque fois qu'elle postule, son manager bloque sa mobilité de peur de se retrouver seul sans assistante.

Au moment de son entretien d'évaluation, son manager la note comme une personne non performante. Diana, en pleurs, décide de raconter son vécu au service de santé au travail. Elle se sent aujourd'hui dans une impasse. Lorsque le médecin du travail la reçoit en consultation, il a devant lui une personne épuisée qui a des troubles du sommeil depuis plusieurs mois. Diana a développé une anxiété forte à l'idée d'avoir une interaction avec son manager. Chaque mail qu'elle reçoit ou SMS se traduit par des palpitations et des moments d'angoisse.

Elle se sent seule face à cette problématique, elle a peu de soutien des collaborateurs de son manager qui n'écoutent pas ses problématiques de travail. Quelques assistantes amies de longue date la soutiennent, mais elle ne souhaite pas s'épancher plus car elle pense que sa réputation au sein de l'entreprise est en train d'être entachée.

Au niveau de la sphère personnelle

À la maison Diana traverse aussi des moments difficiles depuis plusieurs années. Elle a un rapport très conflictuel avec sa fille adolescente qui la mine beaucoup. Sa fille est scolarisée dans un internat de façon à pouvoir apaiser les relations à la maison. Son mari, qui a beaucoup travaillé sur un projet industriel, s'est renfermé sur lui-même, parle très peu à la maison et n'est pas à l'écoute de ses difficultés au travail.

L'état de santé de Diana s'est dégradé, elle n'a plus envie de rien et s'économise au maximum. Elle a des difficultés à gérer les tâches de la vie quotidienne qu'elle assumait auparavant. Elle redoute également le retour de sa fille au domicile le week-end de peur d'être confrontée à des difficultés relationnelles qu'elle ne supporte plus.

Lorsque le médecin du travail la voit en consultation, il lui propose de consulter son médecin traitant et d'envisager un arrêt maladie. Elle refuse catégoriquement de s'arrêter prétextant une charge de travail importante et le fait qu'elle sera bientôt en vacances quinze jours.

Il la revoit après ses congés, en pleurs, son état de santé ne s'est pas amélioré. Les troubles du sommeil et la fatigue sont persistants. L'anxiété liée au retour au travail et au fait d'être confrontée aux messages de son manager est au premier plan.

Le médecin du travail évoque avec elle la possibilité d'un syndrome d'épuisement professionnel (burn out), lui recommande de se déconnecter du travail et lui remet une lettre pour son médecin traitant qu'elle consulte dans la journée. Elle sera en arrêt de travail pendant cinq mois. »

Décrypter la situation

Le cas de Diana est une vignette clinique illustrant comment une situation de travail nouvelle peut conduire à un syndrome de burn out comme on en trouve souvent en consultation de santé au travail. L'exposition sur ces cinq dernières années, de cette assistante de direction expérimentée, à des facteurs de risque psychosocial présents dans le travail a fini par impacter sa santé.

Le besoin d'appartenance au groupe

Diana travaille dans un grand groupe industriel et comme tous les salariés de ces grands groupes, elle a le sentiment de travailler dans une structure solide comme un roc où il ne manque pas grand-chose à première vue pour épanouir les salariés. Ce type de société cultive le sentiment d'appartenance et l'esprit de corps.

Les marques de reconnaissance organisationnelles sont importantes vis-à-vis des salariés : cadre de travail confortable, services, œuvres sociales, sécurité de l'emploi ou de l'employabilité, salaire attractif, progression interne et promotion.

En retour les salariés s'engagent avec fierté et s'investissent pour la performance et la pérennité de l'entreprise.

Le glissement vers le surengagement arrive lorsque les salariés ont du mal à mettre des limites dans leur investissement, d'autant plus qu'ils sont encouragés en ce sens par des marques de reconnaissance. Ils éprouvent des difficultés à se détacher et à prendre du recul sur leur travail. La dimension affective du lien entre le salarié et l'entreprise pousse parfois les salariés dans des stratégies d'adaptation cachées (comme l'allongement du temps de travail, l'absence de déconnexion au domicile) qui ne sont ni demandées, ni connues.

Certains récits de salariés dévoilant leur stratégie pour tenir le rythme du travail posent question lors des consultations de santé au travail. C'est avec un aplomb et un ton assuré, vous faisant penser que tout cela est normal, qu'ils vous racontent : « *J'ai laissé mon mari et mes enfants à la maison et je suis partie seule à la campagne une semaine pour avoir plus de temps pour travailler et rattraper mon retard* », ou « *Je mets ma vie entre parenthèses quatre mois chaque année pour les besoins d'un projet : je travaille tous les week-ends, je refuse les invitations de mes amis à dîner, je dors quatre ou cinq heures par nuit et je mange très mal durant cette période* ». Mais en réalité il n'y a pas une seule de ces situations qui est viable pour la santé et la performance au travail. Toutes ces personnes finissent par s'arrêter d'épuisement car ils sont déjà dans un stade avancé de burn out. Diana, elle, commence à normaliser le fait de rentrer vers 20 heures le soir et se trouve comme excuse qu'on n'a pas besoin de sa présence à la maison avant. Quelle sera la prochaine normalisation ? Attention à ne pas rentrer dans cet engrenage et de préserver ses équilibres de vie.

Cet attachement affectif au travail et à l'entreprise pousse les salariés au présentéisme. Ils ont du mal à imposer des limites, à prendre des vacances (il y a toujours de bonnes excuses pour les repousser), à être en arrêt maladie, même au plus mal du point de vue de la santé, car cela les met en conflit de loyauté avec l'entreprise, mais aussi vis-à-vis des collègues et parfois du manager. Ils éprouvent une grande culpabilité à l'idée d'arrêter de travailler pour les besoins de l'entreprise. Cela a été aussi le cas dans l'histoire de Diana.

Le manque de ressources

Si on analyse la vignette clinique de Diana sous l'angle des équilibres entre contraintes du travail et ressources pour y faire face, on identifie un nombre de ressources importantes dans son activité : valeurs professionnelles partagées au sein du collectif des assistantes, maîtrise des gestes professionnels, soutien des pairs, soutien de l'organisation de l'entreprise. Cependant, il faut noter que ces ressources se sont amoindries depuis le changement de poste. Lorsqu'elle était assistante métier dans les RH, elle avait comme ressources supplémentaires : le soutien de son manager, du sens dans le travail, du développement de compétences, de l'enrichissement personnel et un sentiment d'épanouissement professionnel.

D'ailleurs la période de changement d'activité est toujours une période où les repères évoluent, les facteurs ressources et contraintes du travail se modifient. C'est à ce moment-là que les ressources de l'activité sont affaiblies car elles sont en cours de reconstruction au travers de la nouvelle activité. Les salariés peuvent traverser dans cette période des fragilités opérationnelles, des moments de doutes par manque de repère, des moments de remise en question. L'effort d'adaptation consenti est coûteux pour la santé, et le risque de perte de l'estime de soi important, notamment si les mesures d'accompagnement, de soutien et d'aide n'ont pas été mises en place. Ainsi, pour une personne qui change de métier, avoir des signes de reconnaissance qui guident son efficacité au travail est extrêmement important dans une période de changement et d'adaptation.

C'est ce qui a fait défaut chez Diana au moment de sa prise de poste. La période de recouvrement avec la précédente collègue n'a pas eu lieu, elle n'a pas pu lui transmettre notamment les dessous du métier, tout ce qui est invisible et implicite, tous les trucs et astuces développés au fil du temps. Son manager n'a pas pris le temps de l'accompagner et de la guider dans son activité : définir les priorités, découvrir le réseau professionnel, les informations sur le business et ses échéances à venir… Elle a dû déployer des efforts importants sur le plan cognitif et émotionnel qui auraient pu être économisés si ce manque d'information avait été compensé.

Les exigences de travail

En termes de contraintes, ce nouveau poste comporte des exigences du travail et émotionnelles beaucoup plus importantes. Ainsi la balance contrainte/ressource est déséquilibrée du côté des contraintes qui génèrent un stress chronique. L'amplitude horaire de travail est plus importante et impacte les équilibres de vie professionnelle/vie personnelle. Les tâches de planification des réunions sont des tâches avec une forte charge mentale pour lesquelles il faut souvent interrompre l'activité en cours, la reprendre, absorber des changements.

C'est un effort cognitif important sur la mémoire de travail et qui demande une grande agilité émotionnelle vis-à-vis des collègues assistantes. Tout est dans l'art d'imposer une modification qui va perturber et générer du travail chez une autre assistante sans froisser personne et sans perdre le lien de confiance et de crédibilité avec le collectif des assistantes.

Le manque de reconnaissance

Mais dans la situation professionnelle actuelle de Diana, le facteur de risque principal le plus impactant pour la santé a été le manque de reconnaissance. Diana n'est pas reconnue en tant que professionnelle par son manager, il semble presque ignorer son existence et déshumaniser la relation de travail en réduisant les interactions à des messages d'action. Les échanges nécessaires pour créer la confiance et travailler ensemble sont quasi inexistants. Son manager ne lui montre aucune marque de respect.

Diana n'est pas suffisamment reconnue dans sa pratique professionnelle. Elle n'a pas les informations utiles pour pouvoir bien faire son travail, elle dispose de peu de soutien et d'aide opérationnels, elle est seule face à ses difficultés. Ses qualités professionnelles ne sont pas établies, les interactions avec son manager étant quasi inexistants ; elle n'est pas remerciée, elle n'a pas de retour informel au fil de l'eau sur son activité. Elle est empêchée d'agir sur sa propre situation de travail. En effet, toutes les stratégies qu'elle a essayé de mettre en place pour transformer sa situation de travail ont été réduites à l'échec par son manager. Ses efforts et son investissement semblent invisibles aux yeux de son responsable.

Enfin les résultats de son travail et ses efforts ne sont pas du tout valorisés. Son niveau de performance, consigné dans son entretien annuel, a été évalué comme sous-performant par son manager. C'est d'ailleurs à l'occasion de cette évaluation que les mécanismes de résistance face à la situation sont tombés chez Diana. Le manque de reconnaissance des efforts, le sentiment d'injustice face à cette notation et le manque de moyen pour faire face à la situation sont probablement les facteurs de risque psychosocial additionnels qui ont fait basculer la santé de Diana du côté de la maladie et du côté du besoin de soin.

Quelques repères psychologiques sur la reconnaissance au travail

Les quatre pratiques de reconnaissance

La reconnaissance se définit selon Jean-Pierre Brun et Ninon Dugas[7] d'abord comme une manifestation sans équivoque qui vise à montrer l'appréciation que l'on porte à une personne, à ses réalisations, ou à ses pratiques de travail.

Selon les courants de pensée en psychologique et en sociologie, on retrouve plusieurs approches de la reconnaissance au travail. Cependant, d'après ces chercheurs, toutes convergent vers un même objectif: la reconnaissance doit encourager certains comportements, en vue d'améliorer un aspect particulier du travail des individus.

Prenons l'exemple du courant de la psychodynamique du travail: le concept de reconnaissance a été forgé, dans une histoire scientifique partagée avec des ergonomes, des sociologues et des philosophes, pour répondre à une question: pourquoi travaillons-nous ? L'observation clinique au quotidien nous montre, aujourd'hui comme hier, que l'engagement dans le travail va au-delà de la nécessité de «gagner sa vie» et que la question de la reconnaissance, telle que la conçoit la psychodynamique du travail, est en effet étroitement liée à celle de l'identité.

Pour la psychodynamique du travail, la reconnaissance est médiée par deux jugements: le jugement de beauté et le jugement d'utilité. Le premier vient surtout des pairs, consœurs et confrères de métier, qui partagent les mêmes règles de métiers – techniques, langagières, éthiques – et une commune expérience de la réalité du travail. Ils sont les seuls à même de juger de la conformité du travail avec ces règles de métier (les «règles de l'art») et de l'originalité du travail et de son style particulier. Le jugement d'utilité émane plus particulièrement de la hiérarchie. Il se concrétise souvent sous la forme de gratifications financières ou statutaires (primes, salaire, promotion, etc.) et porte préférentiellement sur les résultats du travail et leur conformité avec les objectifs.

Ainsi, l'analyse de ces courants permet pour Brun et Degas de définir quatre pratiques de reconnaissance:

1. **Reconnaissance de la personne pour ce qu'elle est**: elle s'intéresse à la personne ou au collectif du travail. Elle s'exprime au sein des relations interpersonnelles et surtout de nature informelle. Elle a pour effet que l'individu a l'impression d'exister, que ses besoins sont pris en considération, que son intégrité et son identité sont respectées.

2. **La reconnaissance de la pratique de travail** : il s'agit de la reconnaissance de la manière d'exécuter le travail. Cela englobe les comportements, les compétences et les qualités professionnelles de l'employé : c'est le sentiment d'être reconnu par rapport à son expertise, ses compétences, son ingéniosité, ses qualités professionnelles, cela renforce le sentiment d'estime de soi.
3. **Reconnaissance de l'investissement dans le travail** : c'est la reconnaissance de la participation à la contribution en termes d'efforts consentis et d'énergie déployée au regard des résultats. C'est, autrement dit, le sentiment d'être vu et apprécié par rapport à l'effort, indépendamment du résultat.
4. **Reconnaissance des résultats produits** : elle porte sur les résultats de rendement, de contribution des employés pour atteindre les objectifs de l'entreprise. Il s'agit souvent d'une reconnaissance de nature formelle sous forme de prix, bonus, etc. Les salariés sont reconnus pour leur contribution dans l'attente des résultats avec un sentiment d'utilité et d'efficacité.

Ces quatre pratiques de reconnaissance comblent divers besoins des travailleurs : les besoins d'être reconnus comme individus à part entière et d'être appréciés en tant que travailleurs capables de s'engager dans le travail ; de consentir des efforts ; d'accomplir leurs tâches de manière compétente ; de produire des résultats concrets.

La reconnaissance dans le travail doit être distinguée de la « reconnaissance » des usagers qui est la gratitude ; ces derniers n'ayant pour point de vue que leur propre intérêt. Ils n'ont pas connaissance des contraintes du réel du travail et ne peuvent juger de la conformité du travail avec les « règles de l'art », ni de son « style singulier », ni de son utilité quant aux objectifs.

À quoi mène la reconnaissance ?

La reconnaissance est un élément déterminant dans la construction identitaire d'une personne. C'est une source de motivation et de satisfaction pour le travailleur, comme le ressort fondamental de la mobilisation des hommes à travailler ensemble et, plus généralement, de la mobilisation de l'intelligence individuelle (l'ingéniosité) et de l'intelligence collective (la coopération). La reconnaissance, par l'effet qu'elle produit sur la satisfaction au travail de l'individu et sur son niveau d'investissement et de créativité, permet aussi de servir l'organisation en participant à sa croissance, à sa transformation, à son innovation et à sa performance.

C'est un élément constituant du sens au travail qui permet de résister au stress et qui contribue à la santé, au bien-être. En effet, une étude a montré que les employés qui bénéficiaient d'un niveau de reconnaissance du manager élevé vivaient deux fois moins de souffrance psychologique (33 %) que leurs homologues qui en recevaient peu (67 %)[8].

Le contexte actuel du travail avec ses changements permanents et ses nouvelles exigences organisationnelles impliquent pour les salariés des efforts supplémentaires pour s'adapter et réaliser des tâches plus complexes et plus astreignantes sur le plan de la charge mentale ; ce qui amplifie le besoin de recevoir plus de marques de reconnaissance.

Ceci renvoie au modèle effort/récompense de l'approche comportementaliste de Siegrist qui considère que les efforts fournis par l'individu dans le cadre de son travail font partis d'une forme de contrat de réciprocité sociale où le salarié obtient une récompense sous forme de salaire, d'estime, d'évolution de carrière et de sécurité d'emploi. C'est donc le déséquilibre entre les efforts fournis et la récompense obtenue qui pourrait être à l'origine de conséquences tant psychologiques que somatiques. Cette reconnaissance est d'autant plus recherchée que le poste occupé n'est pas prestigieux.

Comment prévenir le manque de reconnaissance ?

La question de la reconnaissance est centrale aussi bien pour les individus que pour les entreprises. C'est un levier fort de l'engagement au travail. Le manque de reconnaissance professionnelle fait partie des principaux facteurs de risque psychosocial à considérer en matière de prévention de la santé psychologique au travail.

Au niveau individuel

> *Pourquoi développer les pratiques de reconnaissance au travail ?*

Développer des pratiques de reconnaissance permet de préserver les salariés des effets du stress chronique en agissant sur l'estime de soi, la satisfaction, la motivation et le bien-être au travail. Cela permettrait d'affronter plus facilement des situations difficiles au niveau professionnel dans un contexte d'incertitude ou les contraintes liées au travail sont nombreuses. La reconnaissance pourrait ainsi aider les travailleurs à développer davantage de confiance et d'assurance en leurs capacités ainsi qu'à augmenter leur sentiment de contrôle tout en agissant comme facteur de protection de leur santé psychologique.

Bien qu'il soit parfois difficile pour les travailleurs d'exprimer concrètement leur attente en matière de reconnaissance, toujours est-il qu'elle ne peut se résumer qu'à la seule dimension de la rémunération (premier besoin d'ordre physiologique de la pyramide de Maslow[9]). La reconnaissance au travail est non seulement un besoin éprouvé par une grande proportion de travailleurs mais aussi un besoin viscéral qui touche aux dimensions supérieures de la pyramide de Maslow (besoin d'appartenance, d'estime de soi, de réalisation et d'accomplissement). La reconnaissance favorise aussi l'inclusion au sein de notre société. Elle rend l'individu présent, sans se soucier de son âge, de sa condition, de son ethnie ou de son caractère.

Si l'on reprend le modèle de reconnaissance de Brun et Degas, plusieurs acteurs (ou sources) au sein de l'entreprise peuvent contribuer à des pratiques de reconnaissance sur les différentes cibles (personne, processus de travail, résultat). Il s'agit de la hiérarchie, des collègues, de l'organisation, des clients externes, etc. (voir la figure 1). Un salarié peut interagir avec ces différentes sources et chacune de ses interactions peut influencer ses attentes en matière de reconnaissance.

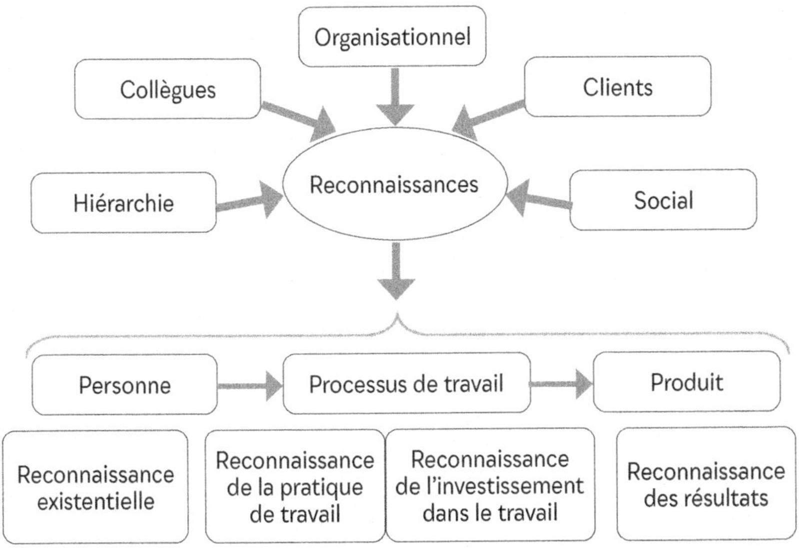

Figure 1. Interactions liées à la reconnaissance[10] (Brun et Dugas, 2005).

Que pouvez-vous faire à votre niveau pour satisfaire vos besoins de reconnaissance et développer des formes de reconnaissance ?

> *Se féliciter et renforcer son estime de soi*

La reconnaissance fait partie de sa force intérieure. Il n'est pas nécessaire que les autres reconnaissent ce que l'on sait déjà. Par exemple, il n'est pas nécessaire qu'une personne vous félicite parce que vous êtes une personne intègre et courageuse, ou parce que dans votre travail vous respectez toujours les délais, cela fait partie de vos qualités intrinsèques.

Alors félicitez-vous et renforcez votre estime de vous-même :

- respectez-vous : mettez-vous en valeur, reconnaissez-vous comme une personne capable et importante ;
- ayez confiance en vous : soyez conscient de vos capacités et de vos limites ;
- ayez la responsabilité du contrôle sur notre vie : vous êtes aux commandes, prenez vos propres décisions ;
- croyez que vous avez de la valeur : regardez la vie du côté de la possibilité et de la capacité mais pas d'un point de vue de ce qu'il manque. Reconnaissez vos vertus et vos forces, mais jamais vos faiblesses. Nous avons tous de la valeur, aimez-vous vous-même.

Au niveau de l'équipe

> *Rechercher des signes de reconnaissances en coopérant et en interagissant avec les acteurs de l'entreprise*

Obtenir des signes de reconnaissance, c'est pouvoir interagir avec ceux qui ont la capacité d'en donner : managers, collègues, clients, etc. Sans ces liens-là, sans travail collaboratif, il est difficile d'avoir en retour des signes de reconnaissance qui portent sur la réalisation du travail. D'où l'importance de maintenir des temps d'échange et de se rencontrer.

Les nouvelles organisations de travail à distance peuvent fragiliser l'obtention des marques de reconnaissance, notamment celles qui s'expriment dans les interstices du travail de manière spontanée et non programmée (à la pause-café par exemple). Il est important de prévoir une organisation qui permette des interactions à distance et en présentiel pour maintenir le lien.

> *Exprimer des signes de reconnaissance à son entourage professionnel*

Donnez à vos interlocuteurs en entreprise ce que vous aimeriez recevoir : vous améliorerez ainsi vos relations et attirerez des marques de reconnaissance de la part d'autrui. Par exemple, reconnaissez les réussites et les difficultés surmontées par vos collègues, complimentez-les.

Au niveau de l'entreprise

Quelles sources et pratiques de reconnaissance les entreprises peuvent-elles mettre en place ? Les démarches ou les programmes de reconnaissance en entreprise ont généralement été définis en cohérence avec les buts et les priorités de l'organisation. Les plans d'action sont déterminés avec recueil préalable de l'avis des dirigeants et en cohérence avec la cartographie des besoins établis et ceux à venir.

Le manager de proximité est la source de reconnaissance la plus importante. Selon l'ANACT[11], un processus de reconnaissance en trois étapes peut être déclenché par le manager :

- reconnaissance du salarié dans sa non-discrimination et dans sa dignité ;
- évaluation de la valeur du travail accompli : mesurer les résultats, juger de la qualité du travail ;
- récompense :
  - agir sur l'organisation (déléguer, renforcer l'autonomie, revoir les objectifs, etc.),
  - agir sur le salarié (former, soutenir, féliciter, promouvoir, etc.),
  - agir sur la rétribution (prime, rémunération, avantages sociaux, etc.).

Les collègues, les clients peuvent aussi adresser des marques de reconnaissance. Des exemples selon la cible de reconnaissance sont répertoriés dans le tableau ci-dessous.

	Reconnaissance existentielle	Reconnaissance de la pratique de travail	Reconnaissance de l'investissement	Reconnaissance des résultats
Collègues	– Consultation entre pairs. – Soutien face à un besoin.	– Feedback des pairs sur les habilités professionnelles. – Groupe de résolution des problèmes.	– Applaudissements pour soulager l'effort. – Encouragements des pairs à maintenir l'effort et la mobilisation collective.	– Fête entre pairs pour souligner une réussite. – Remise d'un cadeau à une personne pour une réalisation professionnelle importante.
Hiérarchique	– Accessibilité de la direction. – Participation au développement. – Possibilité donnée à la latitude décisionnelle.	– Affectation à un projet spécial. – Participation à un colloque. – Félicitations devant les pairs.	– Prise en considération de la charge de travail ou de la difficulté du travail dans l'évaluation des résultats. – Organisation d'activités relaxantes après des activités intenses.	– Séminaire de partage des résultats. – Félicitations, remerciements publics pour la contribution à une réussite.

Organisationnel	– Accès à un travail moins pénible. – Clarification des normes de rétribution.	– Programme de soutien et de reconnaissance de l'innovation. – Programme de mobilité.	– Reconnaissance des heures supplémentaires. – Reconnaissance des années de service. – Repos accordé.	– Prime de motivation. – Prix d'excellence, prix d'équipe.
Clients	– Prise en compte de l'opinion du consultant. – Information offerte au consultant.	– Remerciements adressés par le client pour la qualité du service. – Offre d'un contrat important en relation avec les compétences professionnelles du consultant.	– Lettre de recommandation pour le consultant. – Feedback positif à un fournisseur.	– Expression de la satisfaction aux consultants, au regard du produit du travail. – Cadeau client.
Communauté	– Travail bénévole.	– Remerciements publics de l'entreprise à un organisme communautaire en reconnaissance du travail effectué.	– Lettre de reconnaissance de la communauté à un groupe d'employés pour leur mobilisation.	– Subvention au mérite à des organismes. – Cérémonie de reconnaissance.

Figure 2. Plans d'interactions et pratiques de reconnaissance[12].

En bref, 3 do, 3 don't

Do

1. **Listez vos besoins de reconnaissance non satisfaits par rapport à vos accomplissements ou réussites**. Parlez-en à votre manager dans vos espaces de discussions sur le travail afin qu'il puisse analyser cette demande. Réaffirmez votre besoin au moment de l'entretien annuel de performance.
2. **Cartographiez vos propres pratiques de reconnaissance** envers vos pairs, votre manager, vos clients sur les quatre dimensions (reconnaissance existentielle, reconnaissance de la pratique de travail, reconnaissance de l'investissement dans le travail, reconnaissance des résultats produits), et développez-en d'autres. Renvoyer des signes de reconnaissance est un bon moyen d'en recevoir en retour.
3. **Créez une culture de la reconnaissance dans votre environnement de travail** qui passe par des actes simples et quotidiens de la vie au travail : la politesse (bonjour, merci, etc.). Respectez le travail des autres et intéressez-y-vous, envoyez des signes de reconnaissance quotidien.

Don't

1. **N'envoyez pas de faux messages de reconnaissance** par contournement ou évitement, pour éviter de faire des remarques ou reproches désagréables ou d'être confronté à une discussion difficile. Renforcez votre estime de soi, affirmez-vous et dites réellement ce que vous pensez. Dire ce qui ne va pas est aussi une marque de reconnaissance.
2. **N'attendez pas les félicitations de votre patron**. Prenez en main vos besoins de reconnaissance, complimentez-vous pour vos réussites. Récompensez-vous pour avoir surmonté des problèmes, des difficultés.
3. **Ne résistez pas sur la durée à l'exposition à des facteurs de risque psychosociaux**, alertez votre manager, votre RH, votre service de santé au travail, vos délégués du personnel.

Chapitre 6

Le sentiment de contrôle, un garde-fou indispensable

La notion de contrôle en psychologie apparaît comme une donnée essentielle dans la construction d'une personne, de son estime de soi, de sa santé psychologique. Le contrôle – ou plutôt le sentiment de contrôle car cette donnée est subjective – reste propre à chacun. Pouvoir maîtriser sa journée, l'environnement qui nous entoure, savoir expliquer ce qui nous arrive, avoir prise sur sa vie personnelle comme professionnelle apparaît être une donnée-clé dans la prévention du burn out.

À l'inverse, le sentiment « de perdre pied » face à une situation, de perdre la maîtrise de ce qui nous arrive peut augmenter l'anxiété et engendrer une dévalorisation de soi-même (voire un phénomène de dépersonnalisation – c'est-à-dire devenir spectateur de sa propre vie – dimension présente dans le phénomène de burn out).

L'évolution de nos sociétés, avec, d'une part l'accélération des rythmes de travail, l'explosion des canaux d'information et de communication, et d'autre part la crise de la Covid-19 que nous venons de traverser, a profondément bouleversé nos repères et nos habitudes tant sur la sphère privée que professionnelle. La santé psychologique s'est vue fortement impactée.

Commencer sa journée sans réellement savoir comment elle va se dérouler, gérer les imprévus et interruptions diverses, ne jamais arriver à bout de ses tâches et devoir y penser tout le temps, ne pas arriver à « couper », etc. : ces différents éléments sont susceptibles de conduire à un sentiment de perte de maîtrise et de contrôle de la situation ; facteur précipitant le burn out en situation professionnelle.

L'histoire vraie

Situation professionnelle

« Lola, 25 ans, travaille depuis deux ans dans une entreprise de services dans le secteur des énergies renouvelables. Nous l'avons rencontrée dans le cadre d'un atelier sur la charge de travail où elle a exprimé devant ses collègues avoir pris 20 kilos depuis sa prise de poste, avec une période récente très difficile où elle s'est réveillée un matin ne sentant plus ses bras.

À la suite de cet atelier, nous sollicitons un entretien individuel avec elle afin d'échanger autour de sa situation et de l'orienter vers un professionnel pour une prise en charge psychologique.

C'est la première expérience professionnelle de Lola : elle a été directement recrutée par l'entreprise à la fin de ses études. Elle apprécie la manière dont elle est accueillie par ses collègues qui lui organisent dès la première semaine un café d'accueil, prennent le temps d'échanger avec elle pour lui présenter les différentes missions en cours et l'intègrent tout de suite à l'équipe en lui proposant de venir déjeuner.

Lola a également dès le départ un bon contact avec son manager qu'elle perçoit comme bienveillant et à l'écoute. Dès son arrivée, un entretien a été organisé où il a pris le temps d'échanger avec elle autour du fonctionnement du service et des missions qui lui seront confiées. Elle apprécie que son manager lui dise que sa porte lui est ouverte et qu'elle n'hésite pas à le solliciter en cas de besoin.

Les premiers mois d'intégration se passent bien, Lola apprécie les missions qui lui sont remises, qui ont du sens à ses yeux car elle est particulièrement sensible aux enjeux de transition énergétique. Le fait que ses actions contribuent à limiter l'impact environnemental est une grande source de motivation pour elle. Les retours positifs de ses collègues sur son travail lui font du bien et la rassurent sur son efficacité. Ses collègues approuvent sa fiabilité et son respect des délais, ce qui la rend particulièrement fière et lui donne envie de s'investir. Elle est progressivement impliquée sur un nombre de projets de plus en plus important. Sa charge de travail augmente et elle doit être vigilante à ne rien oublier. Il arrive aussi régulièrement que les délais des livrables à transmettre au client changent, ce qui la conduit à travailler certains soirs après le dîner. Elle aime avoir du temps le soir pour travailler à nouveau et son conjoint est compréhensif ; il voit bien que Lola s'épanouit dans son travail. N'ayant pas encore d'enfants, ils se disent tous deux que c'est le moment de forger leur expérience professionnelle en s'investissant et en étant souple, ce qui sera probablement plus compliqué lorsqu'ils seront parents.

Néanmoins, elle rencontre des difficultés à avancer sur la rédaction des notes de synthèse pour les projets. Elle est très souvent interrompue dans la journée par ses collègues en raison de demandes complémentaires de la part du client et a parfois du mal à se concentrer. Cela l'oblige à interrompre le travail en cours afin de se concentrer sur la demande pour pouvoir répondre dans les délais. Même si elle aime se sentir utile pour ses collègues et contribuer à la bonne réalisation du projet, elle a toutefois le sentiment d'un travail souvent fait à la va-vite, pas toujours abouti. Il lui aurait fallu plus de temps.

La crise de la Covid-19 est ensuite venue bouleverser l'équilibre mis en place durant les premiers mois d'expérience de Lola, au même titre que des millions de personnes. L'annonce du confinement arrive comme une onde de choc dans l'équipe, entre peur et excitation ; l'émotion est à son comble. La dernière journée au bureau semble irréelle, les gens courent dans tous les sens, certains allant d'un collègue à l'autre pour échanger autour de l'annonce et de ce qu'on sait du virus, d'autres à la recherche de matériel informatique avant de basculer en télétravail. On se dit au revoir, se promettant des nouvelles régulières.

La direction est rassurante dans ses messages aux équipes, la poursuite des projets serait possible puisqu'un fonctionnement en télétravail existait déjà dans l'entreprise, et promettait des communications régulières sur l'évolution du contexte sanitaire et le fonctionnement à distance. Lola pour sa part n'a jamais télétravaillé mais se dit que ça ne devrait pas être très différent du bureau puisque les missions restent les mêmes. Habitant dans un deux pièces, elle doit s'organiser avec son conjoint qui lui-même travaille à distance : elle installe son poste dans la cuisine et lui dans la chambre.

Il est hors de question pour Lola de ralentir le travail car déjà beaucoup de retard a été pris sur certains dossiers, et chaque journée compte. Mais le choc de l'annonce passé, les journées prennent une tout autre tournure : un nombre impressionnant de réunions à distance cadence ses journées jusqu'à parfois tard, ce qui la conduit à travailler tous les soirs pour pouvoir avancer sur les livrables.

Ses journées en télétravail se rallongent progressivement avec peu de pauses pour souffler. Des réunions clients ont même lieu entre midi et deux ; elle ne prend pas de pause et grignote la journée tout en travaillant. Elle commence à prendre du poids mais n'est pas inquiète et se dit qu'elle reprendra son poids habituel une fois le confinement terminé. Des cafés virtuels et une messagerie de discussion se sont mis en place, ce qui permet à chacun de partager ses expériences tant d'un point de vue personnel que professionnel. Malgré cela ses collègues lui manquent, ce n'est plus tout à fait pareil. Elle regrette d'ailleurs un peu que son manager n'ait pas mis en place des réunions d'équipe, cela lui aurait permis de suivre un peu plus le travail de chacun comme quand ils étaient au bureau.

Elle s'efforce d'aller marcher avec son conjoint quelques fois par semaine ce qui leur permet de s'aérer et décompresser. Cela ne remplace pas ses cours hebdomadaires à la salle de sport, où elle s'était inscrite depuis quelques mois, et où elle avait fait la connaissance de personnes très sympathiques. Ce qui la rend triste aussi, c'est de ne plus pouvoir aller déjeuner chez ses parents ; elle avait pris l'habitude d'y aller chaque week-end depuis qu'elle avait commencé à travailler, et ce rendez-vous régulier lui procurait beaucoup de bien.

Quelques mois plus tard, elle est très heureuse quand son manager lui annonce qu'il souhaite la nommer cheffe de projet. Fière, elle s'empresse d'appeler sa famille pour leur annoncer la nouvelle mais elle éprouve en même temps une certaine appréhension : sera-t-elle à la hauteur ?

Elle n'est pas sûre d'être capable de coordonner une équipe projet, de rendre compte de l'avancement aux clients (qui pour certains sont très exigeants et parfois un peu durs), et de produire des rapports de qualité. Elle garde ses craintes pour elle et sait qu'elle peut appeler son manager en cas de besoin. Le passage au poste de cheffe de projet est effectivement compliqué pour Lola : sa charge de travail, déjà très conséquente, augmente de manière rapide et significative. Elle gère désormais plus de six projets en parallèle, avec deux projets qui la préoccupent particulièrement, en raison des relations avec le client qui ne sont pas faciles.

Ceux-ci envoient régulièrement des mails d'insatisfaction sur l'avancement du travail en mettant en copie sa hiérarchie. L'insatisfaction n'est pas de son fait mais plutôt de celui de membres de l'équipe qui travaillent sur le projet. Elle n'en veut pas à ses collègues, ils sont tout aussi surchargés, et c'est son rôle d'assumer le mécontentement du client en tant que cheffe de projet. Néanmoins, elle déteste ne pas pouvoir maîtriser la qualité de l'ensemble du travail fourni sur son périmètre. En tant que cheffe de projet, c'est aussi à elle que revient la rédaction des rapports, mais elle se sent démunie ; elle n'a jamais réalisé un rapport complet et ne sait pas par où commencer, ni comment le structurer. Elle n'ose pas en parler à son manager ni solliciter ses collègues de crainte de les déranger ou d'être perçue comme incompétente. Ils ont déjà tant à faire de leur côté et par ailleurs ont l'air de bien s'en sortir. Elle se demande comment ils arrivent à tout gérer et commence à se questionner sérieusement sur son efficacité.

Elle passe un temps infini sur la rédaction de son premier rapport, complètement en décalage avec le temps qui était prévu sur la mission. Est-elle sur la bonne voie ? Elle manque de repères... Cela la préoccupe même au point de se réveiller la nuit, se demandant si son rapport va correspondre aux attendus, si elle a bien pensé à tout. Elle se décide à contacter son manager pour lui soumettre une première version mais celui-ci manque de temps en raison d'un imprévu important sur un autre projet qui le mobilise fortement. Il lui envoie un exemple de rapport similaire qui lui permet d'avoir un élément de comparaison et de rendre le document dans les temps. Le client apparaît satisfait car il la remercie pour le travail sans faire de commentaire particulier.

Peu de temps après, son manager la contacte afin de faire un point avec elle sur le *reporting* de son activité. Lola appréhende un peu ; elle a bien vu qu'elle dépasse régulièrement les temps prévus sur certains projets, notamment pour la rédaction des livrables et des rapports, et pour le pilotage de la mission. Mais son manager lui a toujours dit de remplir son compte rendu au réel. Lors de l'entretien, il lui indique qu'il est important qu'elle respecte les temps prévus sur la mission et la questionne sur certains points d'écart. Il lui donne quelques conseils et lui propose de refaire un point dans quelques semaines. Au cours du mois suivant, plusieurs communications ont lieu au niveau de l'entreprise pour rappeler l'importance de ne pas dépasser les temps prévus sur les missions, ce qui pourrait constituer un risque sur la gestion des marges de l'entreprise.

La prise de conscience de cette nouvelle donnée et de l'importance du sujet pour l'entreprise met Lola en panique. Elle est prise souvent de palpitations et a des difficultés à s'endormir le soir. Elle ne comprend pas comment il est possible d'être en adéquation avec les temps prévus au regard de l'ampleur des tâches à réaliser, en plus des demandes des clients qui s'ajoutent, et en regard du grand nombre d'interlocuteurs sur les projets. Elle se demande comment ses collègues font pour être dans les temps prévus. Elle se sent de plus en plus inefficace et pense avoir un problème d'organisation et de priorisation sur lequel elle doit travailler.

Les semaines passent au rythme des confinements et des déconfinements. Lola se sent fatiguée, elle a de plus en plus de mal à s'endormir, elle pense à toutes les tâches qui lui restent à faire, et a du mal à récupérer malgré les siestes qu'elle s'accorde le week-end. Elle est inquiète de sa prise de poids et a des difficultés à s'habiller et à prendre soin d'elle. Il lui arrive même de rester en pyjama : il lui suffit de pas activer la vidéo lors des réunions et personne ne s'en apercevra...

Au niveau de la sphère personnelle

Plusieurs mois après, lors de notre entretien avec Lola, elle évoque ne plus arriver à faire face à la charge de travail, travailler chaque soir et week-end pour absorber les tâches à réaliser. Elle se sent inefficace et pense ne pas avoir les capacités suffisantes pour assurer ses fonctions. Les relations avec son conjoint et sa famille se dégradent. Ils ne comprennent pas pourquoi elle n'arrive pas à mettre des limites et s'inquiètent pour elle. Alors que son conjoint a toujours été compréhensif et en soutien, elle a le sentiment qu'un fossé se creuse et qu'il ne comprend pas sa réalité et les enjeux auxquels elle doit faire face dans son quotidien. Elle évoque des difficultés d'endormissement depuis plusieurs mois.

Lola est par ailleurs très complexée par sa prise de poids, depuis plusieurs semaines elle ne met plus la caméra lors des réunions en visio de crainte d'être jugée par ses collègues. Pour résoudre ce problème, elle consulte une diététicienne depuis plus d'un an mais sans résultat. Après plusieurs mois de consultation, la diététicienne lui indique ne rien pouvoir faire et considère que sa prise de poids est due au stress. Dernièrement, Lola évoque s'être réveillée un matin ne sentant plus ses bras. Prise de panique par la situation, son conjoint l'emmène aux urgences. Aucun problème physiologique n'est identifié malgré plusieurs examens médicaux réalisés. Lors de l'entretien, nous l'incitons à aller consulter un psychologue, ce qui étonne beaucoup Lola. Elle avoue qu'elle n'aurait pas pensé à aller consulter pour des problématiques de stress.

Lola trouvera-t-elle les ressources suffisantes pour reprendre le contrôle de sa situation et retrouver l'équilibre, tout en préservant son estime de soi ? Contactera-t-elle un psychologue pour une prise en charge ? »

Décrypter la situation

La santé psychologique au travail est aujourd'hui un enjeu majeur pour les entreprises mais aussi un enjeu de santé publique. Enjeu de santé, mais aussi enjeu d'attractivité et de rétention, enjeu de performance des organisations face à l'évolution des modes de travail : le bien-être des salariés n'est aujourd'hui plus une option.

L'impact de l'environnement de travail

Avec la tertiarisation des activités, l'évolution vers des organisations matricielles, le fonctionnement en mode projet, l'explosion des canaux de communication et le développement du travail hybride, les entreprises sont amenées à faire face à de nouveaux risques pour la santé de leurs salariés.

La gestion de la charge de travail, le respect des temps de pause et de déconnexion (voir la loi El Khomri du 8 août 2016), le développement d'un climat et d'une dynamique d'équipe positive, le fonctionnement à distance, sont autant de défis à relever pour les entreprises avec, comme pivot, l'action du manager, premier acteur de la prévention.

L'entreprise dans laquelle travaille Lola est une entreprise qui connaît une forte croissance. Le niveau d'engagement observé au sein des équipes constitue aussi bien un atout qu'une menace pour la santé des personnes en matière de risque de burn out.

On a pu observer que les équipes se remettent beaucoup en question et interrogent fortement leur sentiment d'auto-efficacité personnelle. Ils attribuent souvent les difficultés à leur manque d'organisation et de priorisation (attribution interne) et non à l'environnement de travail (attribution externe), ce qui reste relativement rare dans nos interventions. C'est un point de force pour l'engagement de tous, mais aussi un point de vigilance en matière de santé si cet élément est trop exacerbé. Cette tendance à se remettre en question sans remettre en cause l'impact de l'environnement peut, selon nous, fragiliser l'estime de soi des personnes.

L'encadrement de la charge de travail

L'activité de l'entreprise dont l'action œuvre pour la transition énergétique présente un sens et une finalité importante pour les équipes, source d'engagement et d'attachement à la structure. De plus, les valeurs de bienveillance portées par l'entreprise sont ancrées dans l'ADN des managers et ponctuent le fonctionnement des équipes au quotidien.

Malgré ces points d'ancrage qui constituent de solides fondations – et encore trop souvent absents dans les organisations – une entreprise ne peut pas croître en santé sans structurer ses modes de fonctionnement et de management. Le sens d'une mission et la bienveillance ne suffisent pas pour maîtriser efficacement le risque de surengagement et de burn out porté par nos sociétés. Canaliser les énergies, les maîtriser et les guider pour éviter de les épuiser est indispensable.

À la manière d'un sportif de haut niveau, la priorité réside dans l'entraînement, l'encadrement de l'effort et des temps de récupération, pour atteindre le meilleur niveau de performance sans conséquence sur la santé.

Ce sont bien là que se situent les enjeux de l'entreprise :

- l'encadrement et le suivi des équipes et de la charge de travail ;
- l'aménagement et le respect des temps de pause et de déconnexion ;

- la rationalisation des outils et canaux informatiques;
- l'intégration et l'accompagnement à la prise de poste;
- l'organisation de temps de partage et de récupération;
- les retours et feedback réguliers sur le travail.

Ces éléments constituent autant de pistes de réflexions à engager au niveau de l'entreprise et qui permettent de développer le sentiment de contrôle des équipes sur leur environnement de travail. Et c'est bien sur ces enjeux que s'illustre la notion de contrôle au niveau de l'entreprise.

Lola de son côté, portée par le sens de sa mission, n'a pas de limite à son engagement. Elle ne sait pas dire non et se sent utile et efficace lorsqu'elle traite les demandes, surtout des demandes urgentes ou complexes. Elle dispose d'un haut niveau d'exigence sur la qualité du travail et en matière de respect des délais. Elle n'ose pas demander de l'aide ou alerter de peur de déranger ou d'être perçue comme incompétente.

Le manque d'encadrement de sa charge de travail, de suivi régulier de ses craintes et difficultés, d'accompagnement lors de sa prise de poste de cheffe de projet contribue grandement à la précipiter dans le sentiment de perte de contrôle progressive de sa situation professionnelle. Au lieu de questionner l'impact de l'environnement de travail sur sa situation, elle remet en question son efficacité et perd confiance en elle. Ce contexte engendre pour Lola un risque de burn out important.

Quelques repères psychologiques sur le sentiment de contrôle

Attention aux excès de « sur-attribution » interne

Les recherches sur l'attribution causale (trouver les causes des comportements) affirment que pour contrôler leur environnement, les individus essayent de comprendre les causes des comportements qu'ils observent. La personne peut alors attribuer la cause d'un comportement soit à des facteurs internes, soit à des facteurs externes. Les causes internes relèvent de la personne ; il s'agit par exemple de ses intentions, de ses efforts, de sa motivation à effectuer un comportement donné. Les causes externes, en revanche, relèvent de l'environnement. Il s'agit par exemple de la difficulté d'une tâche et plus largement des contraintes imposées par l'environnement.

Mais il existe, dans les sociétés individualistes, une tendance à attribuer les changements entièrement aux personnes. Ainsi par exemple, on expliquera plus facilement l'échec professionnel d'une personne à son manque de travail et/ou de prise de recul, mais il sera cependant moins fréquent que ce résultat soit expliqué par l'impact de facteurs extérieurs comme des conditions peu propices à la bonne réalisation de l'activité (demandes trop nombreuses, manque de compétences pour exécuter une tâche, contraintes familiales importantes, etc.). Il est donc aujourd'hui largement admis que la tendance générale est de **sous-estimer** le rôle des **causes situationnelles** dans l'explication des comportements, et ce **au profit** des **causes dispositionnelles**. Cette sur-attribution des causes à la personne au détriment de la situation est appelée par Ross « l'erreur fondamentale d'attribution[13] ».

Un important courant de recherche atteste que cette tendance à surestimer le poids de l'individu dans l'explication des comportements serait l'expression d'une norme[14] appelée norme d'internalité[15].

La norme d'internalité peut être définie comme la valorisation sociale des explications des renforcements (*locus of control*[16]) et des comportements (attribution) qui accentuent le poids de l'acteur comme facteur causal[17].

Dans notre société, il serait donc légitime et valorisé de surestimer le rôle de la personne au détriment de la situation. Notons que cette tendance se retrouve aussi bien chez les adultes que chez les enfants.

La tendance de Lola à sur-attribuer la situation à ses capacités insuffisantes en matière d'organisation et de priorisation, sans questionner l'impact de l'environnement de travail et le rôle de l'entreprise, peut constituer un facteur susceptible d'augmenter le risque de burn out. Cependant, à notre connaissance, aucune étude suffisamment consistante ne permet d'établir un lien entre la sur-attribution interne (c'est-à-dire, norme d'internalité) et le burn out.

Les rituels sont bons pour notre santé

Dans un contexte où tout est incertitude et donc source d'anxiété, remettre du sûr rassure. Les rituels et les routines, que ce soit au travail ou dans notre vie personnelle sont bons pour notre santé et notre efficacité. Ainsi, le rituel du café du matin, la réunion du lundi (même si toutes les réunions ne sont pas efficaces, loin de là !), les points en fin de mois avec son manager, le séminaire d'équipe en fin d'année, la séance de sport du mardi, partir plus tôt le vendredi, dîner une fois par mois avec ses amis... sont bons pour notre santé.

Malheureusement, en période de turbulence, ces rituels et ces ancrages existants sont les premiers à être impactés et laissés de côté alors qu'il faudrait au contraire à tout prix les maintenir.

Ne pas mettre tous ses œufs dans le même panier

Dans la même lignée, les personnes qui sont souvent les plus à risque sont celles qui mettent de côté leur vie familiale, amicale, associative, sportive pour concentrer tous leurs efforts et leur engagement dans le travail. Lorsque des difficultés apparaissent dans le travail, la personne ne dispose pas des ressources suffisantes pour faire face, se ressourcer, relativiser...

Dans le cas de Lola, la perte progressive de ses facteurs de protection personnels (sport, balade avec son conjoint, déjeuner familial) et professionnel (échanges avec ses collègues et partage d'information, suivi de la part de son manager et retour sur le travail) a participé à l'émergence de ses difficultés actuelles ; l'augmentation des facteurs de risque (charge de travail, prise de fonction, niveau d'exigence, crise de la Covid-19) et la diminution de ses facteurs de protection ont contribué à déstabiliser l'équilibre fragile mis en place.

L'impact du numérique dans nos vies et notre quotidien

« L'humanité a produit au cours des trente dernières années plus d'informations qu'en 2 000 ans d'histoire et ce volume d'informations double tous les quatre ans[18]. »

Le développement du numérique et des outils de communication, qui s'est littéralement accéléré avec l'évolution de nos modes de travail à distance et la crise sanitaire, nous amène à faire face à un nouveau risque, et pas des moindres. Les outils informatiques et de communication (réseaux sociaux, sms, messageries instantanées, Teams, Zoom, etc.) ont envahi progressivement nos vies qui s'en trouvent aujourd'hui profondément modifiées.

Ainsi, nous serions interrompus soixante fois dans la journée, en moyenne toutes les douze minutes (sachant qu'il faudrait au cerveau trois minutes pour se reconcentrer à chaque interruption[19]). Cela peut engendrer des problèmes de concentration majeurs pour les personnes, d'autant que le sentiment d'intrusion est une des sources de perte de contrôle.

Par ailleurs, depuis la crise, le temps de travail a augmenté de 30 % sans pour autant que s'accroisse le résultat en matière de performance[20]. De plus, le temps de connexion a augmenté de quatre heures par semaine[21] et 69 % d'entre nous seraient touchés par le syndrome FOMO (*Fear of missing out*) soit la peur de manquer une information importante[22]. Enfin, l'usage abusif des réseaux sociaux a un impact sur notre santé mentale[23].

Nous sommes aujourd'hui tous atteints par ce phénomène mais sans forcément en avoir conscience, et sans chercher à mieux maîtriser ces flux qui nous envahissent et nous empêchent de trouver un équilibre. Les interruptions fréquentes et intrusives de Lola dans son travail contribuent selon nous à développer le sentiment de perte de contrôle.

Comment prévenir le sentiment de perte de contrôle ?

Alors, face à ce constat, comment favoriser et développer le sentiment de contrôle, facteur essentiel de prévention du burn out ?

Au niveau individuel

- **Prendre des congés réguliers et préserver ses « bulles »** : à la manière d'un sportif de haut niveau, les temps réguliers de récupération sont essentiels. Certaines études indiquent qu'en matière de santé, il est important de privilégier des congés plus fréquents et moins longtemps (environ quatre jours toutes les six semaines, accolés à un week-end par exemple) plutôt qu'attendre de longs mois avant de prendre une semaine de congé. Par ailleurs, comme indiqué plus haut, il est essentiel de préserver ses bulles personnelles et de les maintenir à tout prix, notamment en période de turbulence. Ce sont parfois de petites choses mais qui sont essentielles à notre équilibre : prendre le petit-déjeuner le lundi avec son fils, lire un livre le week-end, déjeuner avec des amis, aller courir, etc.
- **Savoir dire non** : nous sommes très nombreux dans le travail à ne pas savoir dire non. Pourquoi ? Plusieurs mécanismes sont à l'œuvre : ne pas blesser l'autre, la peur que ce soit mal pris, ne pas paraître engagé, le besoin de reconnaissance, de se sentir utile, de rendre service. Il existe des méthodes et une manière de dire non sans blesser l'autre tout en s'affirmant. Ne vaut-il mieux pas refuser certaines demandes et maintenir un travail de qualité, ou alors tout accepter au risque de dégrader la qualité de son travail, sa santé et sa qualité de vie ? On dit souvent que les entreprises sont peuplées de gens irremplaçables… Toujours se rappeler que nous

ne travaillons pas aux urgences et qu'aucune vie n'est en jeu (à part ceux qui y travaillent vraiment !) !

- **Oser demander de l'aide, en parler, alerter** : les personnes qui selon nous sont les plus à risque sont celles qui n'expriment pas leurs difficultés, qui gardent leurs ressentis pour elles. Face à une difficulté dans le travail comme telle que celle que vit Lola, il est important d'en parler à son manager, ce que Lola n'a pas osé faire. C'est le rôle du manager de s'assurer des bonnes conditions de travail de ses collaborateurs, et à l'inverse, le manager doit se montrer proactif en matière d'échange autour de difficultés potentielles rencontrées. Les personnes à risque de burn out ne font en effet pas la démarche de demander de l'aide, en raison notamment du déni qui peut exister, et qui fait partie du processus. Le monde est peuplé de personnes qui ne se soignent pas. Aller voir un psychologue reste encore bardé d'idées reçues et demeure un tabou.
- **Être attentif aux signaux du corps et aux alertes de ses proches** : les personnes à risque de burn out comme Lola ne connaissent pas de limites à leur engagement et sont souvent très efficaces. Elles ont rarement connu d'échecs importants dans leur vie, et ignorent par conséquent pas forcément leurs limites. Mais justement, en tant qu'être vivant, nous avons des limites ! L'esprit est tellement engagé qu'il ne perçoit pas l'arrivée de difficulté ; le corps lui en revanche, connaît très bien ses limites. Dès que celui-ci vous envoie des messages d'alerte (problèmes de sommeil notamment, mais aussi par exemple l'apparition de migraines, de maux de dos, de maladie de peau) il faut être en mesure de l'écouter. Un repère intéressant est l'apparition de signaux du corps depuis plus de quinze jours ; là il est nécessaire de réagir ! Si vos proches commencent à exprimer des inquiétudes par rapport à votre situation, ce peut être une alerte qu'il faut aussi savoir écouter !

Au niveau de l'équipe

- **Mettre en place des rituels d'équipe** : de nombreux rituels d'équipe, notamment les rituels informels ont été perdus avec la crise sanitaire. Dans chaque équipe, il est intéressant de coconstruire des rituels sur quatre volets : formel ; informel ; individuel ; collectif. Le formel ne suffit pas, il faut également des rituels informels. Par exemple, la réunion du lundi (formel/collectif), le café du vendredi (informel/collectif), l'entretien à chaque fin de mois avec son manager (formel/individuel), le déjeuner à l'extérieur une fois par an avec un collègue ou son manager (informel/individuel).
- Pour que ces rituels soient efficaces en matière de santé, et qu'ils permettent de développer un sentiment de contrôle pour les équipes, ils doivent :
  - être formels et informels ;
  - être coconstruits avec les équipes et revus régulièrement dans une logique d'amélioration continue (tous les trois mois) ;
  - être planifiés, et se produire toujours au même moment.

Dans le cas de Lola, le manque de rituels au sein de l'équipe (faire des réunions, partager avec ses collègues les difficultés rencontrées et les bonnes pratiques, vivre des temps de convivialité, avoir un suivi régulier avec son manager) a selon nous contribué à l'émergence d'une perte de repères pour Lola. Ces éléments constituent de puissants facteurs de protection permettant de faire l'équilibre avec la charge de travail conséquente de son activité.

- **Instaurer une parole sécuritaire au sein de l'équipe** : de nombreuses recherches indiquent que la base d'une équipe en santé réside dans l'instauration d'une parole sécuritaire. La sécurité psychologique est caractérisée par le fait de ne pas craindre de perdre la face ou d'être agressé si l'on s'exprime librement, de ne pas courir de risque interpersonnel[24] :

- poser des questions sans être traité d'incompétent ;
- avouer des erreurs sans se faire dénigrer ;
- demander de l'aide sans craindre d'être perçu comme ignorant ;
- faire des remarques critiques ou des propositions sans être accusé de ralentir le processus.

« Un bon climat de sécurité psychosociale, c'est un peu comme le terreau fertile qui permet aux plantes de pousser en santé[25] ». Au sein de l'équipe de Lola, la parole sécuritaire au sein de l'équipe et avec son manager semble être présente. Cependant, l'aménagement de temps réguliers de partage et d'échanges entre collègues et/ou avec son manager, permettrait d'augmenter les chances que Lola exprime ses difficultés au lieu de les garder pour elle. On voit bien ici que la théorie « de la porte ouverte » ne suffit pas, et que des rituels réguliers d'échange sur les problématiques rencontrées et les bonnes pratiques sont fondamentaux en matière de santé au travail.

Au niveau de l'entreprise

- **Structurer le parcours d'intégration et accompagner les changements de fonctions** : la manière dont une personne est intégrée au sein de l'entreprise conditionne son bien-être et sa performance future au sein de l'organisation. Ainsi, construire un réel parcours d'intégration au niveau de l'entreprise et le rallonger dans le temps, constitue un investissement pour l'entreprise, mais qui peut apporter de nombreux bénéfices en matière d'attractivité et de développement de la Qualité de vie au travail (QVT). Cela apporte un réel confort au collaborateur en matière d'appropriation et de maîtrise de son nouvel environnement mais aussi un vrai acte de considération. Par exemple, on a pu observer que les dispositifs de mentorat/tutorat pouvaient être très bénéfiques pour l'accompagnement des collaborateurs à leur prise de poste.

- **Monitorer la charge de travail et faire respecter le droit à la déconnexion** : l'entreprise a pour responsabilité d'assurer une bonne adéquation entre la charge de travail et les ressources des collaborateurs. Elle doit évaluer la charge de travail notamment en contexte de réorganisation, et la suivre régulièrement auprès de chacun. Dans ce cadre, il est important que cette évaluation porte sur la charge réelle (et les écarts avec la charge prescrite) mais aussi la charge perçue par les collaborateurs et la charge émotionnelle en lien avec certaines tâches. La question de l'évaluation et du suivi de la charge de travail devient aujourd'hui un enjeu majeur avec l'évolution des modes de travail à distance. À titre d'exemple, une entreprise confrontée à un flot de projets importants a mis en place un tableau de suivi de la charge qui doit être rempli par chaque collaborateur et revu chaque mois en entretien avec le manager. Cette approche est selon nous intéressante car elle se situe au plus près des collaborateurs et elle permet un ajustement rapide en cas de surcharge ou de débordement, ce qui évite ainsi le glissement vers une perte de contrôle sur la charge de travail.
- Par ailleurs, **le respect des temps de pause et de déconnexion est une obligation en entreprise**, cela a d'ailleurs fait l'objet d'une loi. De nombreuses règles avaient été mises en place avant la pandémie en matière de déconnexion, mais celles-ci ont été littéralement oubliées durant la crise avec le passage en télétravail, où les réunions pouvaient être organisées tard le soir et souvent à l'heure du déjeuner. Il est essentiel de remettre ces garde-fous en place, notamment avec le déploiement du télétravail pérenne, pour favoriser la récupération des équipes et la séparation entre la vie professionnelle et la vie personnelle. Encore beaucoup d'efforts sont à effectuer sur ce point dans les entreprises.

En bref, 3 do, 3 don't

Do

1. **Préserver ses bulles** et activités de plaisir.
2. **Se fixer des horaires de travail**, respecter les temps de pause et prendre des congés réguliers.
3. **Être vigilant quant à l'apparition des signaux du corps** et aux inquiétudes de ses proches.

Don't

1. Ne pas en parler, **garder ses difficultés pour soi**, ne pas se faire accompagner.
2. **Diminuer ses activités de plaisir** et de déconnexion.
3. Se remettre en question et **ne pas interroger la responsabilité de l'environnement de travail**.

Conclusion

On n'arrive pas à la conclusion d'un ouvrage sur le burn out et les façons de s'en sortir complètement par hasard. Que l'on soit intéressé par la thématique ou que l'on veuille soi-même restaurer sa santé dans une période difficile, les chemins qui mènent à cette curiosité ne sont pas anecdotiques. Les regards croisés des différents spécialistes ayant contribué à cet ouvrage convergent en direction d'un besoin de collectif et d'habitudes entérinées par les temps et les usages – habitudes qui permettent de poser des limites en toute confiance et sérénité. Les idéologies du New Age et du développement personnel laissent penser que chacun est auteur de sa vie et peut faire les choix qu'il souhaite.

C'est négliger l'apport des sciences humaines et sociales depuis un siècle qui met en lumière le poids des normes collectives sur les décisions individuelles. Donner tout pouvoir au libre arbitre, c'est ne pas en comprendre les limites et la possibilité de l'exercer complètement dans un environnement social donné. Qui s'autorise à quitter l'*open space* à 16 h 30 quand toute son équipe part à 20 h ? Comment refuser de répondre aux mails de son chef le samedi à 20 h quand tous vos collègues le font systématiquement ? C'est dans la qualité d'un collectif de travail sain et serein que l'on pourra prévenir les risques psychosociaux et restaurer la santé post burn out.

Mais la bonne volonté individuelle se fracasse régulièrement sur des pratiques de gestion et de management qui empêchent la préservation durable de sa santé. Il importe certes à chacun des acteurs de prendre soin de lui mais il n'existe pas de bon acteur sans excellent metteur en scène, et c'est là que l'employeur rentre en jeu. Considérer la personne au milieu d'un écosystème, c'est lui permettre de restaurer sa santé en amoindrissant sa culpabilité. Comprendre que l'on ne peut pas tout faire dans un environnement donné c'est ôter une partie du poids de nos épaules et retrouver notre capacité à cheminer de façon plus légère en direction de la santé mais aussi de la performance.

Si vous avez lu cet ouvrage et ces lignes jusqu'ici, alors vous avez compris que loin de la pensée magique et de la méthode Coué, il existe des stratégies inspirées de la littérature scientifique, rendues possibles par une mise en pratique quotidienne et qui améliorent durablement notre santé. En psychologie, il est toujours beaucoup plus question de fréquence que d'intensité. On ne peut pas prendre cinq semaines de vacances et travailler ensuite de façon acharnée pendant les 47 suivantes. La fréquence dans les périodes de respiration, en instaurant chaque semaine des temps « sanctuaire » pour se reposer et pour se ressourcer permet de tenir dans la durée. Si, comme le disait le philosophe Alain, « Le secret de l'action... c'est de s'y mettre », alors vous savez ce qu'il vous reste à faire. Bonne route à vous.

Notes

1 Cette étude a été réalisée en ligne du 28 septembre au 7 octobre 2021 auprès de 2 016 salariés composant un échantillon représentatif de la population salariée française.

2 *Op. cit.*

3 HOBFOLL (S.E.) & SHIROM (A.), "Stress and burnout in the workplace: conservation of resources", dans GOLEMBIEWSKI (R.T.) (ed.), *Handbook of organizational behavior*, New York, M. Dekker, 1993, 41-60.

4 MASLACH (C.) & LEITER (M.P.), *Burn out. Le syndrome d'épuisement professionnel*, Paris, Les arènes, 2011.

5 Rapport du collège d'expertise sur le suivi des risques psychosociaux commandité par le ministère du Travail, de l'Emploi et de la Santé, 2011.

6 ARNSTEN (A.) & SHANAFELT (T.), "Physician Distress and Burnout: The Neurobiological Perspective", *Mayo Clinic Proceedings 96*(3), 2021, 763-769.

7 BRUN (J.P.) & DUGAS (N.), « La reconnaissance au travail : analyse d'un concept riche de sens », *Gestion*, vol. 30, n° 2, été 2005.

8 BRUN (J.P.) & DUGAS (N.), « La reconnaissance au travail : une pratique riche de sens », Chaire en gestion de la santé et de la sécurité au travail dans les organisations, Université Laval, 2002.

9 Créée par Abraham Maslow, la pyramide de Maslow (pyramide des besoins) a pour rôle de hiérarchiser les besoins des individus. Cinq besoins y sont recensés : les besoins physiologiques, le besoin de sécurité, le besoin d'appartenance, le besoin d'estime et le besoin d'accomplissement.

10 Source : Emeriau Farges C., *et al.*, « L'impact de la reconnaissance organisationnelle sur la santé psychologique au travail des répartiteurs d'urgence », *Psychologie du travail et des organisations* (2022), https://doi.org/10.1016/j.pto.2022.04.001

11 ANACT : Agence nationale pour l'amélioration des conditions de travail ; https ://www.anact.fr/

12 Source : Brun, J.P. et Dugas, N., « La reconnaissance au travail : analyse d'un concept riche de sens » ; https://www.researchgate.net/publication/259480678

13 ROSS (L.), *The intuitive psychologist and his shortcomings : Distortions in the attribution process*, New York, Academic Press, 1977, p. 173-220.

14 « Jugement partagé par un collectif d'individus concernant la valeur de certains évènements (ici les explications causales), jugement dont l'acquisition est soumise à un processus d'influence sociale » (PY & SOMAT, 1991). Une norme est une conduite socialement apprise mais implicite.

15 JELLISON (J.-M.) & GREEN (J.), "A self-presentation approach to the fundamental attribution error : the norm of internality", *Journal of Personality and Social Psychology, 40*, 1981, 643-649 ; BEAUVOIS (J.-L.) & DUBOIS (N.), "The norm of internality in the explanation of psychological events", *European Journal of Social Psychology, 18*(4), 1988, 299-316.

16 « Degré avec lequel les individus attendent qu'un renforcement soit subordonné à leur caractéristique *versus* le degré avec lequel les personnes attendent que le renforcement soit fonction de la chance, du destin ou soit sous le contrôle des autres tout puissants ou est simplement non prédictible » (ROTTER, 1996) cité par (JOUFFRE, 2003).

17 BEAUVOIS & DUBOIS, 1988, *op. cit.* ; cités par PY & SOMAT, 1991.

18 Caroline Sauvajol-Rialland, maîtresse de conférences à Sciences Po Paris et à l'Université catholique de Louvain.

19 Loi de Carlson.

20 GIBBS (M.), MENGEL (F.), SIEMROTH (C.), "Work for Home & productivity. Evidence from Personnel & Analytics Data on IT Professionals", 2021, https://bfi.uchicago.edu/working-paper/2021-56/

21 National Bureau of Economic Research, 2020.

22 Google, 2020.

23 Université Pittsburgh School of Medecine, 2016.

24 Franziska Tschan, novembre 2010.

25 Caroline Biron, Université Laval.

Références bibliographiques

Colquitt, J. A. (2001). « On the dimensionality of organizational justice : A construct validation of a measure », *Journal of Applied Psychology, 86*(3), p. 386-400.

Consiglio, C., Borgogni, L., Alessandri, G. & Schaufeli, W. B. (2013). « Does self-efficacy matter for burn out and sickness absenteeism ? The mediating role of demands and resources at the individual and team levels ». *Work & Stress, 27*(1), 22-42.

Hornung, S., Rousseau, D. M., Glaser, J., Angerer, P. & Weigl, M. (2010). « Beyond topdown and bottomup work redesign : Customizing job content through idiosyncratic deals ». *Journal of Organizational Behavior, 31*(23), 187-215.

Leiter, M. P. & Maslach, C. (2016). « Latent burn out profiles : A new approach to understanding the burn out experience ». *Burn out Research, 3*(4), 89-100.

Martin-Krumm, C. et Tarquinio, C. (2011). *Traité de psychologie positive.* Louvain-la-Neuve : De Boeck Supérieur.

Maslach, C. & Leiter, M. P. (2016). « Understanding the burn out experience : recent research and its implications for psychiatry ». *World psychiatry, 15*(2), 103-111.

Picart, L. & Jaussaud, J. (2018). « Risques psychosociaux : envisager le burn out comme un processus organisationnel ». *RIMHE : Revue Interdisciplinaire Management, Homme & Entreprise,* 33,7, 34-52. https://doi.org/10.3917/rimhe.033.0034

Présentation des auteurs

Nolwenn Anier est docteure en psychologie sociale et consultante en Recherche et développement (R&D). Passionnée de sciences sociales et comportementales, elle accompagne les entreprises et les collectivités dans leurs démarches d'innovation en y intégrant des méthodes d'étude et d'analyse du comportement humain. Ses thématiques d'intervention sont notamment centrées autour du développement de la Qualité de vie et de la santé au travail (QVT). Elle est l'autrice de plusieurs articles scientifiques et chapitres d'ouvrage, ainsi que d'articles de vulgarisation scientifique.

Élodie Buzit est psychologue sociale, spécialisée dans la prévention des risques sociaux et l'amélioration de la qualité de vie au travail. Elle œuvre auprès des salariés et des organisations, notamment en contextes difficiles lors de changements structurels, ou au sein de collectifs en situation de tension, afin d'améliorer les conditions de travail des collaborateurs. En parallèle, elle exerce une activité libérale en tant que thérapeute en thérapies comportementales et cognitives. Elle accompagne des personnes ayant des difficultés d'ordre professionnel et/ou personnel. Plus récemment, elle s'est initiée à la formation et à l'enseignement universitaires.

Adrien Chignard est psychologue du travail et des organisations. Spécialisé dans la prévention du stress et des risques psychosociaux au travail, il accompagne les plus grandes entreprises dans la découverte de solutions à des situations humaines complexes. Conférencier et enseignant dans trois universités, il met un point d'honneur à rendre le savoir accessible à tous. Il partage volontiers ses « petits secrets » issus autant de la recherche scientifique que de la pratique de terrain pour nous faciliter la vie au travail.

Jeanne Collin-Vacher est psychologue du travail et des organisations. Elle accompagne depuis quinze ans les entreprises dans leurs actions de prévention des risques psychosociaux, de développement de la qualité de vie au travail et d'accompagnement des équipes en période de changement. Après avoir mené de nombreuses études sur les risques psychosociaux, elle s'oriente vers la formation et l'accompagnement des managers et des acteurs de la prévention dans le traitement et le suivi de leur situation d'équipe. Elle anime également des conférences pour les collaborateurs et les managers sur des sujets en lien avec la santé au travail.

Carole Donnay est médecin du travail et allergologue spécialisée dans les asthmes professionnels. Ancienne cheffe de clinique des Hôpitaux de Paris, elle exerce depuis une quinzaine d'année dans de grands groupes en tant que médecin du travail et médecin coordinateur. Elle est spécialisée dans l'équilibre du lien entre la santé et le travail, la prévention des risques professionnels et le diagnostic de maladies en rapport avec le travail. Elle est également praticienne à l'hôpital Hôtel-Dieu (APHP) à Paris, enseigne à l'université de médecine Sorbonne Université et encadre des étudiants en médecine du travail.

Marjorie Jeanne est psychologue du travail et accompagne depuis quinze ans des salariés en situation de souffrance au travail, dans le cadre de dispositifs d'écoute mis en place au sein d'entreprises et de collectivités. Ainsi, elle accompagne à la fois les salariés en état d'épuisement professionnel en amont, puis au cours de leur reprise du travail. Elle intervient également en tant que personne conseil auprès des services des ressources humaines et de la ligne managériale.

Anne Michel, après une douzaine d'années en entreprise, s'est spécialisée dans le domaine de la santé psychologique au travail. Elle accompagne aujourd'hui la mise en place de dispositifs de santé au travail au sein de diverses organisations. Dans ce cadre, elle réalise des actions d'évaluation des risques psychosociaux, des formations sur les pratiques de santé psychologique au travail, ainsi que du soutien de salariés en souffrance. Elle est également psychologue, psychothérapeute et coach en libéral, et dispense des cours à l'université Paris 8 et en école de commerce.

Table des matières